Hohenheida   Gottscheina

D0225744

Plaußig

Portitz

hen-Thekla

Paunsdorf

32

Engelsdorf

Althen

Mölkau

Hirschfeld

Baalsdorf

Kleinpösna

Holzhausen

Zuckelhausen

Liebertwolkwitz

Leipzig und seine Kirchen

Nachweis der Bildrechte:

Stadtgeschichtliches Museum Leipzig: S. 17, 20, 21, 34, 35, 36, 37, 38, 39, 40, 41, 42, 43, 46, 47, 49, 51, 54, 74, 75, 96

dpa: S. 5, 8, 12

Bach-Archiv Leipzig: S. 18

Alle übrigen Bilder: Punctum Fotografie Leipzig
(Peter Franke, Bertram Kober, Hans-P. Szyszka, H.-Ch. Schink, Wolfgang Krammisch, Rüdiger Halbach, H.-J. Roznyek, Bernd Blume)

Die Deutsche Bibliothek – Bibliographische Informationen
Die Deutsche Bibliothek verzeichnet diese Publikation in der Deutschen Nationalbibliographie; detaillierte bibliographische Daten sind im Internet über <http://dnb.ddb.de> abrufbar.

© 2006 by Evangelische Verlagsanstalt GmbH, Leipzig
Printed in Germany · H 7062
Alle Rechte vorbehalten
Gesamtgestaltung: behnelux gestaltung, Halle/Saale
Druck und Binden: Arnold & Domnick, Leipzig

ISBN 3-374-02366-5
www.eva-leipzig.de

Stephanie von Aretin, Thomas Klemm, Nikolaus Müller

LEIPZIG
und seine
KIRCHEN

EVANGELISCHE
VERLAGSANSTALT
Leipzig

Blick auf die Innenstadt Leipzigs

Leipzig und seine Kirchen

Jeden Freitag und Sonnabend erklimmen die Knaben in den dunkelblauen Kieler Blusen die Orgelempore der Thomaskirche. Die Kirchenbänke sind meist bis zum letzten Platz besetzt. Leipziger und Zugereiste füllen das Gotteshaus, in dem Johann Sebastian Bach 27 Jahre lang als Kantor wirkte. Über die Reihen legt sich eine andächtige Stille, wenn die Thomaner – mit fast 800-jähriger Geschichte einer der ältesten Knabenchöre Deutschlands – zur Motette anheben. Erst wenn die letzten Töne verklungen sind, die musikalische Andacht mit einem einfachen »Vater Unser« beendet ist, scheinen die Besucher in diese Welt zurückzukehren.

Das Erbe Bachs wird groß geschrieben in der Bürger- und Messestadt, deren geistliche Tradition auf viele Blütezeiten zurückblicken kann. Die Thomaskirche, vor einigen Jahren mit großzügigen Spenden aus dem In- und Ausland umfassend renoviert, gehört zu den unumgänglichen Schauplätzen dieses Erbes. Doch auch die Nikolaikirche gelangte 1989 zu Weltruhm, als von den allwöchentlichen Montagsgebeten ein wichtiger Impuls zur friedlichen Revolution ausging.

Freilich waren die Bürgerkirchen mit dem politischen Schicksal der Stadt eng verknüpft und sind es heute noch. Alle alten Klöster fielen über die Jahrhunderte der Modernisierung der Innenstadt zum Opfer. Die Paulinerkirche wurde 1968 auf Geheiß der kommunistischen Machthaber gesprengt. Seit den umfassenden Eingemeindungen 1999 gehören zu den alteingesessenen Stadtgemeinden viele typische Dorfkirchen, die in diesem Buch erstmals vollständig aufgenommen sind.

Klöster – verlorene Kostbarkeiten sakraler Baukunst

Um das Jahr 1300, also etwa 100 Jahre nach der Stadtgründung, waren in Leipzig vier Klöster ansässig. Die bedeutendste unter diesen religiösen Gemeinschaften war zweifellos das Augustiner-Chorherrenstift St. Thomas. Die beiden Pfarreien St. Thomas und St. Nikolai umfassend nahm das Stift eine zentrale Rolle im sozialen Gefüge der Stadt ein. Trotz des Armutsgelübdes der Ordensbrüder war die innerhalb der Stadtmauern angesiedelte Augustiner-Gemeinschaft wohlhabend und einflussreich durch ihre Verknüpfung mit der Oberschicht.

Die Dominikaner sind seit 1231 nachweisbar und bauten am heutigen Augustusplatz die größte Klosteranlage der Stadt. Nach der Reformation verloren sie das Gelände an die Universität, haben aber inzwischen wieder ein Kloster in Leipzig. Auf dem ehemaligen Burggelände und späteren Matthäikirchhof im Nordwesten der Stadt stand zur selben Zeit ein Kloster der Franziskaner und am ehemaligen Peterstor direkt vor der Stadtmauer befand sich St. Georg, das einzige Nonnenkloster Leipzigs. Ihre Anwesenheit verdankten diese vier Gemeinschaften den Wettiner Stadtherren. Deren Interesse an den religiösen Strömungen ihrer Zeit rief vermutlich eine bewusste Auswahl dieser relativ jungen Orden als Mittel zur Abgrenzung von Macht und gegen Ansprüche Anderer hervor. Mit einem Stift und vier

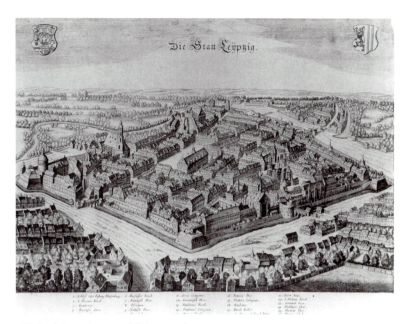

»Die Stadt Leÿptzig« 1665, Blick von Südosten

Klöstern war das mittelalterliche Leipzig nie ein religiöses Zentrum wie die Bischofssitze Naumburg oder Meißen, verdankte seinen weltlich regierenden Stadtherren aber durchaus auch ein reges geistiges Leben. Heute sind jedoch kaum noch Spuren dieses Kapitels zu finden.

Die durch alle Jahrhunderte spürbare Baufreude der Leipziger ist sicher einer der wichtigsten Gründe dafür, dass nur so wenig mittelalterliche Bausubstanz erhalten blieb. Ständige Erneuerung, einem rationalen Geist und wirtschaftlichen Erwägungen verpflichtet, war seit jeher attraktiver als die Konservierung historischer Stadtteile. Sakralbauten wichen Bankgebäuden und alte Bürgerhäuser neuen Messepalästen.

»Leipzig ruft dem Beschauer keine altertümliche Zeit zurück; Es ist eine neue, kurz vergangene, durch Handeltätigkeit, Wohlhabenheit, Reichtum zeugende Epoche, die sich uns in diesen Denkmalen ankündet«, resümierte Johann Wolfgang von Goethe Ende des 18. Jh. über die inzwischen dank des Messehandels blühende Stadt.

Disputation zwischen Luther und Eck,
Zeichnung von L. Rudow nach Gemälde von Julius Huebner (1880)

Reformation und Protestantismus

Martin Luther hatte 1517 nach seinem berühmten Thesenanschlag an der Wittenberger Schlosskirche bereits große Resonanz hervorgerufen – auch mit Hilfe der neuen technischen Möglichkeiten des Buchdrucks. Im Frühsommer 1519 fand in der Leipziger Pleißenburg eine zweiwöchige Disputation zwischen Luther, seinem Anhänger, dem Wittenberger Professor Andreas Karlstadt, und dem Ingolstädter Professor Johann Eck statt. Herzog Georg von Sachsen, in der Folge einer der größten Gegner Luthers, hatte die Burg für die Disputation zur Verfügung gestellt. In Leipzig fand damit zum ersten Mal eine öffentliche Kontroverse zwischen altem Glauben und neuer Lehre statt. Luthers Lehre hatte in der Leipziger Bürgerschaft viele Anhänger und das Aufsehen, das die Disputation erregte, war groß. Doch bis zum Tod Georgs des Bärtigen 1539 verhinderten starke Repressionen die Einführung der Reformation im albertinischen Sachsen. Aus diesem Anlass hielt Luther zu Pfingsten 1539 eine Predigt in der Thomaskirche.

Blütezeiten in Leipzig –
»...wo man die ganze Welt im kleinen sehen kann«
Lessing im Brief an seine Mutter, 1749

Eine erste Blütezeit verdankte Leipzig vor allem der Verleihung der Messe-
privilegien 1497. So entstand im 16. Jh. unter anderem das Renaissance-
Rathaus von Hieronymus Lotter. Anfang des 18. Jh. erlebte Leipzig einen
weiteren Aufschwung. Vor allem dank zahlreicher Manufakturen holte die
Messestadt das reiche Frankfurt am Main ein und war auf dem Weg zur
blühenden Bürgerstadt. Zahlreiche barocke Bürgerhäuser entstanden und
große Gärten wurden angelegt - Leipzig entwickelte sich von der befestigten zur offenen Stadt. Wenngleich Goethe während seiner Studienzeit
von 1765-1768 von den »königlichen Gärten« schwärmte, war all diese
Pracht doch Ausdruck des Leipziger Bürgerstolzes - gerade zu Zeiten des
mächtigen Königs von Sachsen: August des Starken (1670-1733). Auch die
Kirchen wurden zu einem Ort der Repräsentation angesehener Leipziger
Familien, was sich vor allem durch den Einbau zahlreicher Privatkapellen
manifestierte.
Durch das Wirken Johann Sebastian Bachs als Thomaskantor 1723-1750
wurde der Grundstein zu einer Entwicklung gelegt, die Leipzig im 19. Jh.
zu einem der wichtigsten europäischen Musikzentren werden ließ. Der
Leipziger Buchhandel und die Verlage hatten eine hervorragende Stellung in
Deutschland. Mit dem Umbau des Tuchbodens des Gewandhauses durch Johann Friedrich Carl Dauthe 1781 erhielt das Leipziger Gewandhausorchester
seinen ersten legendären Konzertsaal. Wohlhabende Leipziger machten ihre
umfangreichen Kunstsammlungen, die weit über die Stadtgrenzen hinaus
bekannt waren, öffentlich zugänglich. All dies war Ausdruck eines starken
bürgerlichen Selbstbewusstseins, das sich eigene städtische Strukturen schuf.
Zusammen mit Adam Friedrich Oeser, dem Direktor der 1764 gegründeten
Kunstakademie, gestaltete Dauthe die Nikolaikirche klassizistisch um, die
noch heute einen Eindruck der vitalen Bürgerstadt des ausgehenden 18. Jh.
ahnen lässt.

Der größte Teil der Leipziger Kirchenbauten geht auf die Zeit des Historismus im späten 19. Jh. und beginnenden 20. Jh. zurück. Initiiert wurden die Neubauten vom Kirchenbauverein, den der Superintendent der Thomaskirche, Johannes Theodor Oskar Pank (Superintendent 1884–1912), gründete. Ein Rundgang durch das sanierte Musikerviertel vermittelt heute ein eindrucksvolles Bild der Leipziger Stadtarchitektur dieser Zeit. Besonders zwei Architekten, die viele Neu- und Umbauten der Kirchen entwarfen, prägten das Baugeschehen: Hugo Licht (Neues Rathaus, Musikhochschule) und Arwed Roßbach (Universitätsbibliothek). Einige Kirchen dieser Zeit fielen neben einer Vielzahl städtischer Bauten der verheerenden Bombennacht im Dezember 1943 zum Opfer.

Spätestens seit Bach war das städtische Musikleben eng mit dem Thomaskantorat und der Kirchenmusik verknüpft. Der spätere Thomaskantor Johann Adam Hiller begründete 1781 die Gewandhauskonzerte und prägte mit seinen geistlichen Konzerten in der Universitätskirche (»Messias« 1786) eine neue Form der Kirchenmusik. Eine Bachrenaissance läutete der spätere Gewandhauskapellmeister und Musikhochschulgründer Felix Mendelssohn-Bartholdy durch seine Berliner Aufführung der Bachschen »Matthäus-Passion« ein. Mehr als 100 Jahre nach ihrer Komposition erklang sie 1841 unter seiner Leitung auch wieder in der Thomaskirche.

Traditionell ebenso eng war die Beziehung zwischen Kirche und der 1409 gegründeten Universität, an der bis zum Ende des 19. Jh. die städtisch angestellten Geistlichen gleichfalls lehrten. Auch nach der Trennung der geistlichen und universitären Ämter erhielten sich bis ins 20. Jh. enge Bindungen. Ausdruck dieser jahrhundertealten Zusammenarbeit war auch in Leipzig die reich ausgestattete Universitätskirche. Mit dem Abbruch der zwar beschädigten, doch durchaus rekonstruierbaren Universitätsgebäude und der Sprengung der intakten Universitätskirche im Jahre 1968 versuchte die DDR-Führung diese Tradition radikal und demonstrativ zu beenden.

Nikolaikirchhof mit Nikolaisäule

St. Nikolai – eine Kirche wird zum Schauplatz der Wende

Als Bürgerkirche ist St. Nikolai oft bezeichnet worden, besonders seit sie Ende des 18. Jh. von Dauthe und Oeser klassizistisch umgestaltet wurde. 200 Jahre später sollte die Stadtkirche zum Schauplatz gewaltiger gesellschaftlicher Veränderungen werden. Dort trafen sich seit 1982 verschiedene Gruppen immer montags um 17 Uhr zum Gebet: Wehrdienstverweigerer, Menschenrechtler, Umweltschützer, Haftentlassene. Ab Januar 1989 überschlugen sich die Ereignisse, führte jede Konfrontation mit der Staatsmacht zu noch mehr Zulauf in der Nikolaikirche. Am 4. September versammelten sich unter dem Surren der Fernsehkameras aus der Bundesrepublik Hunderte Ausreisewillige auf dem Kirchhof – auf den Schutz der Kirche hoffend. Am 11. September kamen 1.300 Menschen zum Gebet in die Kirche. Die Staatsmacht wehrte sich – 89 Kirchenbesucher wurden festgenommen. Am 25. September schließlich war das Gotteshaus überfüllt. Wenig später setzte sich der erste Demonstrationszug vom nahe gelegenen Augustusplatz aus in Bewegung. 5.000 Menschen zogen um den Innenstadtring – ermutigt

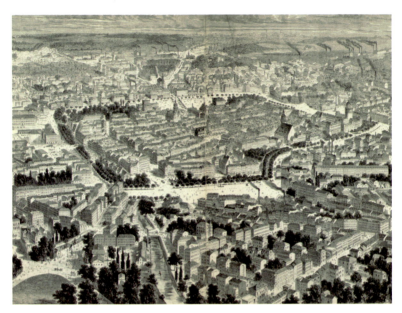

Stadtansicht aus der Vogelschau von Südwesten,
Holzstich nach Ernst Wilhelm Strassberger, 1860er Jahre

durch die Predigten der Pfarrer in St. Nikolai, doch die wenigsten von ihnen kirchlich gebunden. Bis zum 9. Oktober sollte die Zahl der Demonstranten auf 70.000 steigen. An diesem Tag war klar: Die Revolution nahm ohne Waffengewalt ihren Lauf.

Die neuen Alten – Eingemeindungen und das Anwachsen der Leipziger Kirchgemeinden

Seit ihrer Gründung ist die Stadt Leipzig bestrebt, ihren Einfluss auf die Gerichtsbarkeit und Wirtschaft der umliegenden Dörfer auszuweiten. Im Zuge der fortschreitenden Industrialisierung nahm die Fläche der Stadt unter anderem 1889 durch einen Anschluss der umliegenden Dörfer Reudnitz, Plagwitz und Connewitz sprunghaft zu.

Die heutige Bevölkerungszahl hatte Leipzig bereits vor 1914 erreicht. Vor Beginn des Zweiten Weltkrieges zählte die Stadt sogar über 700.000 Ein-

links: Ev.-Luth. Andreaskapelle, Knautnaundorf
rechts: Andreaskirche (existiert nicht mehr), ehemals Karl-Liebknecht-Straße 111

wohner. Vor allem seit dem Ende der 1980er Jahre hat Leipzig einen erheblichen Bevölkerungsrückgang zu verzeichnen.

Die Eingemeindungen 1999 verdoppelten die Fläche der Stadt beinahe. Mehrere große Industriegemeinden kamen hinzu, unter anderem die Orte Böhlitz-Ehrenberg, Lützschena-Stahmeln, Engelsdorf und Mölkau. Die Stadt wuchs um 125 km² und 55.000 Einwohner. Heute leben in Leipzig etwa 500.000 Menschen.

Die Dorfkerne blieben während der Angliederung meist erhalten. Fast immer blieben auch die alten Dorfkirchen von politischen und sozialen Umwälzungen unberührt. An anderer Stelle wurden neue städtische Sakralbauten errichtet. Auf diese Weise entstand die ungewöhnliche Leipziger Kirchenlandschaft, die von einem Nebeneinander kleiner mittelalterlicher und barocker Dorfkirchen und stolzer neoromanischer und neogotischer Bauten aus der Zeit um 1900 geprägt ist.

Kirche: Thomaskirchhof
Pfarramt: Thomaskirchhof 18,
04109 Leipzig

Ev.-Luth. Stadtpfarrkirche St. Thomas

Als Wirkungsstätte von Johann Sebastian Bach, des wohl berühmtesten der
Thomaskantoren, ist St. Thomas zu Leipzig in aller Welt bekannt geworden. Bachs Kantaten, Passionen, Oratorien, Orgelwerke oder Motetten sind
so eng mit dem Leipziger Gotteshaus verbunden, dass man sich kaum vor-
stellen kann, dass seine Musik für die Geschichte der Kirche erst seit einer
vergleichsweise kurzen Zeit diese Rolle spielt. Besonders was die bürgerliche
Entwicklung der Messe- und Handelsstadt betrifft, hat die Kirche wie kein
zweiter Ort die Geschicke bestimmt und reflektiert.

Das mittelalterliche Chorherrenstift
Ausgrabungen zufolge muss bereits im 12. Jh. an der Stelle der heutigen Tho-
maskirche eine dreischiffige Pfeilerbasilika gestanden haben. Der Wettiner
Markgraf Dietrich von Meißen verfügte 1212 die Gründung eines Augustiner-
Chorherrenstifts an einer der beiden Stadtkirchen. Mit der Gründung des
Klosters suchte der Landesherr seinen Einfluss in der nach Reichsunmittel-
barkeit strebenden Handelsstadt aufrecht zu erhalten. So wurden dem Stift
sämtliche Leipziger Kirchen – neben der Stiftskirche bestanden bereits die

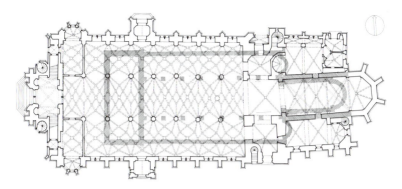

Grundriss mit Eintragung der ergrabenen Fundamente der Basilika des 12. Jh.

zweite Stadtkirche St. Nikolai, eine Katharinenkapelle (nach der Reformation abgebrochen) und die Peterskapelle – unterstellt, was die Leipziger Bevölkerung zu heftigem Widerstand veranlasste. Der Überlieferung nach behinderte sie die Arbeiten am spätromanisch-frühgotischen Chorneubau, indem sie nachts die bereits verbauten Materialien abriss und in die Pleiße warf. Trotz dieser Unwägbarkeiten wurde der Bau 1222 vollendet, wovon der noch heute erhaltene spitzbogige Triumphbogen aus Sandstein und Backstein und Teile der Außenwände (an Nordwand freigelegtes originales Ziegelmauerwerk) des Chores zeugen. Der vormalige Ostabschluss des Raumes ist nicht überliefert.

Später wurde die von der Vorgängerkirche übernommene Bausubstanz immer weiter verändert. Die drei quadratischen Untergeschosse des heutigen Turmes gehen vermutlich auf die zweite Hälfte des 13. Jh. zurück. Das vierte, oktogonale Geschoss wird in das 14. Jh. datiert, dort erhielten sich an den Kämpfern Reste von Blattkapitellen. Die Anlage des Chores und Grundzüge der den Chor begleitenden Sakristei- und Kapellenanbauten gehen, obwohl im 19. Jh. stark umgeformt, auf einen Umbau Mitte des 14. Jh. zurück. Original erhalten haben sich die Rippen des Kreuzrippengewölbes aus Rochlitzer Porphyr, die Konsolen sind Kopien.

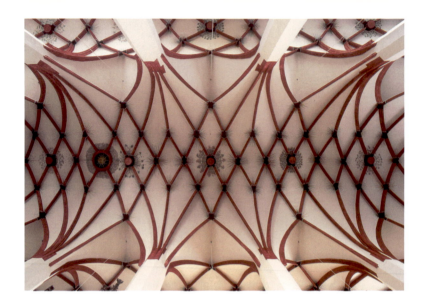

Das heutige Bild der Thomaskirche wird im Wesentlichen durch das zwischen 1482 und 1496 unter Leitung von Claus Roder und Konrad Pflüger neu erbaute Hallenlanghaus, dem der dreischiffige Vorgänger weichen musste, geprägt. In der wirtschaftlich blühenden Messe- und Handelsstadt entstand eine spätgotische Hallenkirche, die, wie aus Urkunden hervorgeht, vom Rat der Stadt als »unser Heuptkirchen« betrachtet wurde. Auch wenn das Stift nach wie vor eine führende Rolle in geistlicher als auch politischer Hinsicht spielte, scheint die Thomaskirche doch stets integrativer Bestandteil des bürgerlichen Leipzig und städtischer Repräsentationsbau gewesen zu sein. Die mit Weißenfelser Sandsteinquadern aufgeführte Südfront bildet die Schauseite der Kirche. Zwischen ihren neun Strebepfeilern sind dreibahnige, spitzbogige Fenster mit gotischem Maßwerk angebracht. Im weiträumigen Inneren fällt besonders das aus Rochlitzer Porphyrtuff gebildete Rippengewölbe auf, das mit spielerischer Leichtigkeit die Asymmetrien des dreischiffigen Raumes verschleiert und ihm seine Dynamik gibt. Restaurierungen im 20. Jh. sind Rankenmalereien und Pflanzendarstellungen in den Gewölbefeldern und die farbliche Wiederherstellung der Gewölberippen und Schlusssteine zu verdanken. Diese sind ein beeindruckendes Zeugnis der aufkommenden Renaissance und der mit ihr verbundenen Gedanken-

links: Gewölbe
rechts: Hallenlanghaus in Richtung
Osten mit der Barockkanzel von
Valentin Schwarzenberger, dem Fürsten-
stuhl auf der Nordempore (links) und
dem Bornschen Altar im Chorraum,
Aquarell von Hubert Kratz, um 1880

welt in der aufstrebenden Bürgerstadt. Unverfälscht erhalten hat sich die Dachkonstruktion. Unauffällig und weitgehend schmucklos gestaltet waren die verbleibenden Außenseiten der Kirche. Im Westen begrenzte die Stadt-mauer das Gebäude, im Norden lagen die nach Einführung der Reforma-tion abgebrochenen Stiftsgebäude. Sehr wahrscheinlich schloss sich an der Nordseite des Langhauses der Kreuzgang an.

Die bürgerliche Stadtkirche

Eine an einer Säule im Mittelschiff neben der Kanzel angebrachte Gedenk-platte erinnert an die zur Einführung der Reformation im albertinischen Sachsen hier gehaltene Predigt Martin Luthers zu Pfingsten 1539. Kirche und Kloster übernahm infolge der Reformation der Rat der Stadt. Die vor-genommenen Ein- und Umbauten trugen vor allem den veränderten gottes-dienstlichen Bedürfnissen und gesellschaftlichen Bedingungen Rechnung. So wurden 1570/71, vermutlich unter Leitung des bauerfahrenen Bürger-meisters Hieronymus Lotter, die steinernen Renaissance-Emporen an den Längsseiten der Schiffe errichtet und die der Westseite um ein Joch vorgezogen. Der Turm wurde 1535 erhöht und mit einer Türmerwohnung ausgestattet und diente nicht zuletzt auch zur Feuerwache.

Thomaskirche, Stich von J. G. Krügner, Frontispitz der Thomasschulordnung von 1723

1553 wurde südlich der Kirche, entlang der Stadtmauer, die dreigeschossige Thomasschule errichtet. Die bereits in der späten Stauferzeit 1254 erwähnte Schule kann als eine der ältesten Deutschlands betrachtet werden. Sie unterrichtete nicht nur den Klerikernachwuchs, sondern nahm gegen Schulgeld auch Bürgerkinder auf. Mit der Reformation gewann auch der Thomanerchor an künstlerischer Bedeutung. Er befindet sich seitdem in städtischer Obhut. Bereits während der Disputation auf der Pleißenburg sang der aus der ehemaligen Klosterschule hervorgegangene Chor unter seinem damaligen Kantor Georg Rhau. Dieser ging später als großer Anhänger Luthers nach Wittenberg. Der Chor begann, neue gesellschaftliche Funktionen zu erfüllen. Nach dem Abriss aller, verschiedenen Heiligen geweihten Nebenaltäre verblieb bis 1721 der spätgotische Flügelaltar von Valentin Silbermann und Michael Treuding als Hauptaltar in der Kirche. Heute befindet er sich in der Plauener Lutherkirche.

Die Insignien ständischer Repräsentation in der Kirche nahmen bis zum 18. Jh. stetig zu. Neben älteren, wertvollen Grabplatten (Hermann von Harras, Nickel Pflugk) und Epitaphbildern (zweite Hälfte des 16. Jh., u.a. von Nikolaus von der Perre; größtenteils an der Ostwand des Hallenlanghauses) befindet sich in der nördlichen Vierung das Epitaph des Ratsherrn und Baumeisters Daniel Lechner (um 1612), ein Hauptwerk des sächsischen Manierismus. 1614 begründete Superintendent D. Georg Weinrich die Tradition der Superintendentenbilder, die heute zum großen Teil im Chor angebracht sind. Der aus dem gleichen Jahr stammende Taufstein aus rotem und schwarzem Marmor zeigt an der Außenwandung die vier Aspekte der Taufe (Glaube, Bewahrung, Wiedergeburt und Rettung). Sie sind zwischen Bibelversen in Alabasterreliefs dargestellt. Der kunstvolle Deckel ist leider 1945 verloren gegangen. Im Laufe des 17. und 18. Jh. wurde das Kircheninnere vielfach barock umgestaltet. Neben zahlreichen neuen Emporen und »Stühlen« für angesehene Leipziger Familien und Ratsherren wurden seit 1661 Stände- und Familienkapellen zwischen den Strebepfeilern an der Nord- und Südseite angebaut. 1686 wurde zum Gedenken an die Befreiung Wiens von der türkischen Belagerung ein Fürstenstuhl von Johann Caspar Sandtmann und Hans Friedrich Senckeisen auf der Nordempore eingebaut (heute im Stadtgeschichtlichen Museum). Einen Höhepunkt erreichte der Bau von Privatkapellen zwischen 1705 und 1710, nachdem die spätere Matthäikirche, von Leipziger Kaufleuten finanziert, mit zahlreichen Familiengrüften und Privatsitzen wiederhergestellt worden war. Die Würdenträger der Stadtaristokratie wollten den Besuchern der »Neukirche« in keiner Weise nachstehen. So wurde nach Plänen von Johann Gregor Fuchs die gesamte Nordseite mit einem zweigeschossigen Anbau versehen. Dem gleichen Baumeister ist das heutige Erscheinungsbild des Turmes zu verdanken, der 1702 seine endgültige Gestalt mit Haube und Laterne erhielt. Schließlich erhielt die Kirche 1721 den so genannten Bornschen Altar (Paul Heermann) und 1740 eine barocke Kanzel (Valentin Schwarzenberger). Beide wurden 1889 abgebrochen und haben sich bis auf das prächtige schmiedeeiserne Gitter des Kanzelaufgangs (heute auf Nordempore) und das Kreuz des Altars von Caspar Friedrich Löbelt (heute gegenüber der Kanzel) nicht erhalten.

Die Zeit Johann Sebastian Bachs als Thomaskantor 1723–1750 begründet zweifelsohne den Weltruhm des Kantorats und adelt Leipzig zu einem Zentrum der protestantischen Kirchenmusik. Neben seinen großen Passionen, Weihnachtsoratorium und h-moll-Messe entstanden in dieser Zeit drei komplette Kantatenjahrgänge sowie zahlreiche weitere Kompositionen.

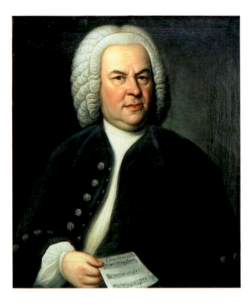

Damit schuf er Leipzig ein Kapital, das erst ein Jahrhundert später in das
Bewusstsein der Musikstadt zurückkehrte.

Chor und Sakristei wurden 1802 unter Leitung von Johann Friedrich Carl
Dauthe instand gesetzt. In den Jahren 1806/07 wurde die Thomaskirche
als französisches Militärmagazin genutzt. Während der Leipziger Völkerschlacht 1813 wurde sie als Lazarett eingerichtet, wobei das Inventar großen
Schaden erlitt. An diese Zeit erinnert eine heute am Turmumgang ange-
kettete Kanonenkugel, die ungezündet auf dem Dachboden eingeschlagen
war. Auch findet sich eine volkstümliche Malerei eines Chasseurs an einem
Holzverschlag im Turmaufgang.

G. 965. Leipzig
Thomaskirche m/d. alten Thomasschule

Auf dem Weg zur Großstadt – neugotische Umgestaltung der Thomaskirche

In den 50er Jahren des 19. Jh. mehrten sich die Stimmen, die sich für eine »stilgerechte« Erneuerung der Thomaskirche aussprachen. Der Leipziger Architekt Constantin Lipsius zeichnete für die neugotische Umgestaltung verantwortlich, die 1880 begann. Die barocke Ausstattung wurde entfernt, vor allem die mit barocken Anbauten überladene Nordseite der Kirche war neu zu gestalten. Die Fensterarchitektur des Chores wurde in gotisierenden Formen völlig neu geschaffen. Der Chor selbst wurde mit einem hohen, mit seinen Baldachinen bis über die Gewölbeanfänger reichenden Chorgestühl ausgekleidet. Durch Neuausmalung des gesamten Kirchenraumes und Befestigung von dunklen Wandpaneelen über und unter den Emporen wurde die Raumstimmung grundlegend verändert. Die Emporen selbst wurden mit Darstellungen aus dem Alten und Neuen Testament bemalt. Zeittypisch stammten auch die Entwürfe für Kanzel, Altar und Orgelprospekt von Constantin Lipsius. Der Altar steht seit 1964 in der Südsakristei. Das heutige Erscheinungsbild der Kanzel unterscheidet sich vom 1889 aufgestellten Original lediglich durch einen verkleinerten Aufbau, der sich stilistisch an der Bekrönung von Sakramentshäusern des 15. Jh. orientiert.

Markantester, noch heute erhaltener Teil des gotisierenden Umbaus ist das 1886 geschaffene, reich ausgestaltete Prachtportal mit angrenzenden Treppenhäusern an der Westseite der Kirche. Es war ein großes Anliegen der Stadtoberen, die den Umbau mitfinanzierten, die Westseite der Kirche im Zuge der Umgestaltung des ehemaligen Befestigungsringes zur repräsentativen Schauseite herzurichten. Der 1889 begonnene, zum großen Teil von Carl de Bouché gestaltete Farbfensterzyklus an der Südseite des Hallenlanghauses wurde im 20. Jh. vervollständigt (v. l. n. r.: Thomas-, Gustav-Adolf-, Bach-, Luther-, Mendelssohn- und Kaiser-Wilhelm-I-Fenster).

Die dreimanualige Orgel der Firma Sauer wurde ebenfalls 1889 eingebaut. Der spätere Thomaskantor Karl Straube ließ sie 1908, damals als Thomasorganist, auf 88 Stimmen erweitern. Nach vielfältigen Umbauten ist sie kürzlich wieder in der ursprünglichen Disposition restauriert worden und ist ein hervorragendes Beispiel einer spätromantischen Orgel der Zeit Max Regers. Unter Straubes Kantorat (1918–1939) erreichte der Thomanerchor die Bedeutung, die ihm seitdem weltweit beigemessen wird. Die noch zu Bachs Zeiten 1732 barock erweiterte Thomasschule wurde abgerissen und 1904 durch die noch heute an diesem Platz befindliche Superintendentur ersetzt.

links: Kanzel seit 2000
mittig: Paulineraltar, Passionszyklus
rechts: Sauer-Orgel

Die Thomaskirche als Gedenkstätte für Johann Sebastian Bach – Die Thomaskirche heute

Nachdem bereits 1843 auf Initiative Mendelssohns ein Bachdenkmal aufgestellt wurde, schuf Carl Seffner 1908 das so genannte Neue Bachdenkmal, das vor dem Südportal der Kirche steht. Nach dem Zusammenbruch des Kaiserreiches 1918 meldeten sich zunehmend Kritiker gegenüber dem neugotischen Umbau Lipsius' zu Wort. Man begann, über die Einrichtung der Kirche als Gedenkstätte für Johann Sebastian Bach nachzudenken und plante, ihr das Erscheinungsbild zurück zu geben, das sie zur Bachzeit hatte. Der Zweite Weltkrieg verhinderte die Umsetzung dieses Ansinnens. Die Gebeine Bachs wurden nach der Zerstörung der Johanniskirche, wo sie bis dahin gelegen hatten, 1950 an den Stufen des Altarraums beigesetzt. Heute befindet sich die schlichte Grabplatte im Altarraum und ist ein Anziehungspunkt für Bachverehrer und Musikliebhaber aus aller Welt.

Die inzwischen veränderten Standpunkte gegenüber historischer Bausubstanz ermöglichten in den 60er und 70er Jahren des 20. Jh. eine umfassende denkmalpflegerische Sanierung des Gotteshauses. Dabei erhielt vor allem der Innenraum wieder seine »originale« Ausmalung, auch das riesige Chorgestühl wurde beseitigt. Eine umfassende Sanierung im Vorfeld des

links: Die Bach-Orgel von Gerald Woehl
rechts: Der Thomanerchor

250. Todestages J. S. Bachs am Ende des Jahrhunderts verbesserte die vielen zu DDR-Zeiten notwendigerweise eingegangenen Kompromisse. Sie ließ den hellen und freundlichen Raum, den man heute beim Betreten der Kirche wahrnimmt, neu entstehen. Im Zuge dieser Sanierung wurde auch die neue viermanualige Bach-Orgel von Gerald Woehl eingebaut, die eine zeitgemäße Wiedergabe der Orgelmusik der Bach-Zeit ermöglicht.

Der Altar der 1968 willkürlich gesprengten Paulinerkirche dient seit 1984 der Thomaskirche als Hauptaltar. Der so genannte Paulineraltar vereinigt in einem 1911–1912 gefertigten Rahmenwerk auf etwa 1500 datierte spätgotische Holzskulpturen und Tafelbilder. Die geschnitzte Festtagsseite zeigt Reliefs eines Jesus-Maria-Zyklus und in der Mitte bzw. auf der Predella Paulusdarstellungen (Bekehrung Pauli). Die Fastenseite trägt ein Passionsgemälde nach Vorlagen Martin Schongauers. Auf der Außenwandlung finden sich Darstellungen zum Leben Pauli (Lehrtätigkeit und Hinrichtung).

Neben der reichen musikalischen Gottesdienstgestaltung finden bereits seit dem frühen 19. Jh. regelmäßig sonnabends die Motetten des Thomanerchores statt, seit dem 20. Jh. auch freitags. Noch heute erfreuen sich die inzwischen auch von anderen Ensembles gestalteten Vespern großer Beliebtheit und bilden mit den zahlreich in der Thomaskirche angebotenen Konzerten und Orgelmusiken einen festen Bestandteil des Leipziger Musiklebens.

Kirche: Nikolaikirchhof
Pfarramt: Nikolaikirchhof 3,
04109 Leipzig

Ev.-Luth. Stadt- und Pfarrkirche St. Nikolai

Es ist wohl kein Zufall, dass gerade die Nikolaikirche zur Keimzelle der friedlichen Revolution 1989 wurde. Schon immer sahen die Leipziger in dieser dem Schutzpatron der Kaufleute und Reisenden geweihten Kirche ihre Bürgerkirche. Mit 1.700 Sitzplätzen ist Nikolai die größte Kirche in Leipzig, ihr Turm überragt den von St. Thomas um neun Meter. Die Ladegast-Orgel, von 2001 bis 2004 umfassend saniert und erweitert, hat über 6.800 Pfeifen, mehr als jede andere Orgel in Sachsen.

Vielgerühmt ist der klassizistische Innenraum. Die exotischen Palmwedel, mit denen die Säulen zur Decke hin abschließen, die Farbgebung in Apfelgrün, Rosé und Weiß haben die strenge gotische Halle im 18. Jh. in einen gefälligen Predigtsaal verwandelt. »Der Gang wird aufrecht, der Kopf hebt sich«, hat ein Besucher seinen Eindruck beschrieben, als er die Kirche betrat. Der Innenraum wiederholt in seiner Struktur die Einladung, die schon außen zu lesen ist und zu einem Leitmotiv der Friedensgebete wurde: »Nikolaikirche – offen für alle.«

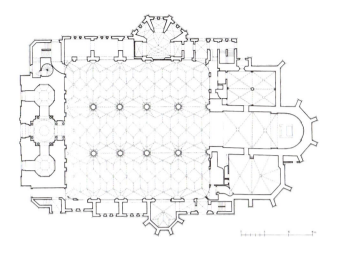

Grundriss mit Projektion der gotischen Gewölbe,
Zeichnung von Beate Zetsche, Institut für Denkmalpflege, Plansammlung

Baugeschichte – vom romanischen Geviert zur Bürgerkirche

St. Nikolai ist so alt wie die Stadt, in deren Mitte sie steht. Ihre Entstehung wird auf die Jahre um 1165 datiert, als Leipzig das Stadtrecht verliehen bekam. Erstmals urkundlich erwähnt wurde die Kirche 1212, als sie mitsamt ihren Besitzungen an das Stift der Augustinerchorherren zu St. Thomas überging. Bis zur Einführung der Reformation in Leipzig 1539 blieb sie in dessen Verwaltung. Der romanische Bau war eine dreischiffige Basilika mit zwei quadratischen Westtürmen. St. Nikolai hatte große Ähnlichkeit mit der Wechselburger Stiftskirche, wie Ausgrabungen in den 1960er Jahren ergaben. Mit 56 Metern Länge und 30 Metern Breite war sie schon damals eine der größten Pfarrkirchen in Sachsen.

Auf der Westseite lassen sich diese frühesten Gebäudeteile heute am besten erkennen. Die Grundmauern des Westriegels, 22,5 Meter breit und neun Meter tief, stammen noch aus dem 12. Jh. Auf der Westseite besaß die Kirche ein großartiges romanisches Portal. Es brach 1759 unter der Last des nachträglich aufgesetzten mittleren Turmes zusammen und wurde durch ein barockes Portal ersetzt. Die achteckigen Türme wurden im späten 13. und 14. Jh. aufgesetzt.

Ende des 14. Jh. begann auch der Umbau in eine gotische Hallenkirche, der mehr als 100 Jahre dauerte. Der Chor auf der Ostseite besitzt heute noch

Die Buchhändler-Börse u. Nicolai-Kirche zu Leipzig.

gotische Bögen und Fenster. Die Nordkapelle wurde ebenfalls im 14. Jh. gebaut, die Südkapelle folgte im Jahr 1467. Von 1513 bis 1526 verlieh Baumeister Benedikt Eisenberg der Kirche ein gotisches Netzgewölbe, auch die Fenster wurden mit gotischen Maßwerken versehen.

1555 ließ der Leipziger Bürgermeister Hieronymus Lotter der Kirche einen mittleren Turm aufsetzen. 1730 wurde dieser mit einer barocken Haube auf 76 Meter erhöht.

Apfelgrüne Palmwedel, zartrosa Rosetten und Palladiofenster

Vier Männer haben St. Nikolai von 1784 bis 1797 in ein klassizistisches Meisterwerk verwandelt: Baudirektor Johann Friedrich Carl Dauthe (1749–1826) war erst 34 Jahre alt, als er 1783 dem Rat der Stadt zunächst nur einige Reparaturvorschläge präsentierte. Bürgermeister Carl Wilhelm Müller hatte sich bereits als kühner Stadtplaner einen Namen gemacht, indem er die Promenaden am späteren Innenstadtring anlegen und dafür einen Teil der Stadtmauern schleifen ließ. Stadtrat Christian Ludwig Stieglitz beschäftigte sich seit langem mit der Theorie der bürgerlichen Baukunst. Und der Maler Adam Friedrich Oeser entwarf beinahe 70-jährig einen umfassenden Bilderzyklus für die Kirche.

links: Ansicht von Nordwesten, um 1840,
Kupferstich, aquarelliert, von J. C. A. Richter
nach F. Harnisch. MGL, Stadtansichten-
sammlung 2111
rechts: Blick ins Innere der Kirche

Grundidee waren die Vorstellungen von einem protestantischen Predigtsaal, wie sie Anfang des 18. Jh. in vielen sächsischen Kirchen verwirklicht
wurden. Das Kirchenschiff sollte hell und freundlich sein, um ein Ge-
meinschaftsgefühl zu schaffen, und nicht von Trennwänden geteilt sein. In
St. Nikolai fand diese Umgestaltung innerhalb des alten gotischen Gewölbes statt. Darin unterscheidet sie sich etwa von der Dresdner Frauenkirche,
die im 18. Jh. ganz abgerissen und als städtische Pfarrkirche wieder aufgebaut wurde. Dass es Baumeister Dauthe gelang, innerhalb des gotischen
Gewölbes einen so einheitlichen klassizistischen Raum zu schaffen, gilt als
eine seiner hervorragenden Leistungen.

Mit klassizistischen Stilelementen wurde dieses Konzept verwirklicht. Der
Stuckateur Johann August Käseberg erhielt 1785 einen Großauftrag, unter anderem für 14 schlanke Pilaster, 24 Kapitelle, 278 Sparrenköpfe und
278 Rosetten. Die gotischen Pfeiler wurden mit Stuck als kannelierte Säulen verkleidet. Sie laufen zur Decke hin in exotischen Palmwedeln aus, die
den Rippenansatz des gotischen Gewölbes verbergen. Die spitz zulaufenden
Bögen des Gewölbes werden von aufgesetzten Stuckrosetten kaschiert. Um
einen möglichst quadratischen Saal zu schaffen, musste das Langhaus op-
tisch verkürzt werden. Auf der Querseite im Osten bauten die Architekten

Fenster ein, die an Entwürfe des italienischen Meisters Andrea Palladio erinnern. Der gotische Chor wurde mit einem Tonnengewölbe verkleidet. Das starke Motiv der Palmwedel und das harmonische Farbkonzept des gesamten Innenraums hinterlassen noch heute einen anmutigen Eindruck.

Die Ausstattung

Das Inventar der Nikolaikirche wechselte Dauthe weitgehend aus. Der heutige Hauptaltar, die freistehende Kathederkanzel rechts vom Chor und das Taufebecken wurden nach seinen Entwürfen neu gefertigt. Der Bilderzyklus Oesers beginnt in der Eingangshalle mit der Darstellung zweier schwebender Engel. Im Altarraum sind an der Wand Szenen aus dem Leben Jesu dargestellt. Im Obergeschoss finden sich Oesers Gemälde von den christlichen Tugenden Hoffnung und Liebe. Das Altarbild zeigt die Auferstehung Christi.

In der nördlichen Kapelle befindet sich die Kanzel von 1521, von der Martin Luther gepredigt haben soll. Das Kruzifix im Chor stammt aus dem 13. Jh., wurde jedoch im 15. Jh. stark verändert. Das Nagelkreuz am Gemeindealtar bekam die Gemeinde 1996 als Zeichen der Versöhnung von der Stadt Coventry geschenkt.

links: Blick in den Altarraum
mittig: Klassizistisches Detail in der Nilolaikirche
rechts: Die Orgel nach der Restaurierung durch die Firma Eule

Die Ladegast-Orgel – eine Vision wird Realität

Eine Orgelführung oder ein Konzertbesuch in St. Nikolai lohnen sich, denn nur dann werden die Läden der neuen, alten Ladegast-Orgel geöffnet – die wundersame Symbiose des annähernd 150 Jahre alten Instruments mit zeitgenössischem Porsche-Design zeigt sich. Den edlen Spieltisch aus Ebenholz und gebürstetem Stahl haben Interior-Designer des Autoherstellers entworfen. Auch Pedale, Thermostate und Register tragen Porsche-Handschrift. Das mächtige Prospekt der Orgel stammt dagegen aus der Zeit Ladegasts. Mit heute über 6.800 Zinn-Pfeifen und 103 Registern ist die Nikolaiorgel die größte Orgel Sachsens.

Von 2001 bis 2004 wurde die Orgel nicht nur umfassend restauriert, sondern auch in weiten Teilen erneuert und mit einem neuen Klangbild versehen. Porsche stellte 1,8 Millionen Euro für die Renovierung zur Verfügung, die insgesamt 2,3 Millionen Euro kostete.

Von Anfang an war der Bau des Weißenfelsers Friedrich Ladegast eine Orgel der Superlative. Das Klangbild orientierte sich an Gottfried Silbermann, aber auch Brahms und Mendelssohn-Bartholdy ließen sich ideal spielen. Das Instrument von 1862 überstieg mit einem 32 Fuß langen Prospekt und 84 Registern bereits alle üblichen Dimensionen. Um die mit zehn Metern Höhe größten Pfeifen erklingen zu lassen, brauchte es eine

Pneumatik, die den Erbauer vor technische Herausforderungen stellte. 1903 erweiterte Wilhelm Sauer die Orgel auf 93 Register. Später erhielt die Orgel zudem eine elektropneumatische Traktur. Dennoch litt das riesige Instrument zu jeder Zeit unter technischen Mängeln. 2001 fiel daher die Entscheidung, es vollständig neu zu konstruieren. Die Firma Hermann Eule aus Bautzen baute eine neue Orgel mit den ursprünglichen mechanischen Schleifladen und ersetzte fehlende Register. Sowohl Ladegasts als auch Sauers Pfeifen und Register wurden wieder verwendet, soweit dies möglich war.

Die Wende – eine Kirche »offen für alle«

1980 wurde Christian Führer zum Pfarrer an der Nikolaikirche berufen, zwei Jahre später kam Friedrich Magirius als Superintendent in den Kirchenbezirk Leipzig Ost. Beide nahmen das Erbe der Bürgerkirche wörtlich. Sie öffneten St. Nikolai ab 1981 für Gesprächsforen und Arbeitsgruppen zu Themen, die im offiziellen Diskurs der DDR unterdrückt wurden: Menschenrechte, die alternative Friedensbewegung, Umweltschutz, Wehrdienstverweigerung, Ausreise. Ab 1986 war die Botschaft auch öffentlich zu lesen. »Nikolaikirche – offen für alle« stand auf einem Schild an der Außenwand der Kirche.

Immer wieder erwiesen sich die Friedensgebete als schwieriger Balanceakt, der auch innerhalb der Opposition zu Spannungen führte. Superintendent

*links: Aufsteller vor dem Haupteingang
der Kirche
rechts: Nikolaikirche bei Nacht*

Magirius bemühte sich um Vermittlung zum misstrauischen Staatsapparat, um St. Nikolai weiterhin für alle offen halten zu können. Pfarrer Christoph Wonneberger dagegen, der die Basisgruppen von 1986 bis 1988 koordinierte, forderte mehr Mut und Aktivität gegen ein repressives und geistloses Regime. Als Magirius ihn schließlich von der Organisation der Friedensgebete ausschloss, protestierten die Basisgruppen monatelang. Schwierig war auch der Umgang mit Ausreisewilligen, die Halt in der christlichen Gemeinschaft suchten. Sie mussten sich mit dem Vorwurf auseinandersetzen, sie bluteten die kleinen Kirchgemeinden in der DDR aus.

Am 7. Mai 1989 machten Oppositionelle den Wahlbetrug während der Kommunalwahlen erstmals öffentlich. Am Tag darauf griff die Polizei mehrere Teilnehmer des Friedensgebets brutal auf und inhaftierte sie. Am 4. September versammelten sich vor laufenden Fernsehkameras zahlreiche Ausreisewillige auf dem Nikolaikirchhof, die sich von der Kirche Schutz erhofften. Pfarrer Wonneberger machte am 25. September Tausenden in der überfüllten Kirche Mut zum gewaltfreien Widerstand. Anschließend formierte sich die erste Großdemonstration am Augustusplatz. Am 9. Oktober zogen schließlich 70.000 Menschen um den Innenstadtring. Das bis dahin für unmöglich Gehaltene wurde wahr – trotz Militär und aufgefahrenen Panzern blieben die Proteste bis zum Ende der SED-Herrschaft gewaltlos.

Paulinerkirche:
ehemals Augustusplatz, Westseite
(existiert nicht mehr)

*links: Universitätskirche St. Pauli,
Ostfassade von Arwed Roßbach,
Foto Hermann Walther, um 1900
rechts: Augustusplatz mit Universitätskirche St. Pauli,
Foto Atelier Hermann Walter,
um 1900*

Ev.-Luth. Universitätskirche St. Pauli

Die Universitätskirche St. Pauli zählt im Bewusstsein vieler Leipziger zu
den bedeutendsten Sakralbauten der Stadt. Den Nicht-Leipziger mag dies
verwundern, wurde doch die Kirche nach ihrer durch die SED angeordne-
ten Sprengung im Jahre 1968 als begehbarer Ort dem Stadtbild entrissen.
Die zu Beginn der 1990er Jahre einsetzende, polarisierende Debatte um die
Wiedererrichtung der Kirche wurde zu einer Chiffre, die für nichts weniger
als die Frage nach der Deutungshoheit über die - vorgefundene, erlebte
oder verdrängte - Historie in der Gegenwart steht. Der hohe Stellenwert,
der St. Pauli in Leipzig bis heute beigemessen wird, beruht deshalb nicht
nur auf der Geschichte dieses Bauwerkes, sondern auch auf der Auseinandersetzung mit dem Erinnerungsort, den die Paulinerkirche heute ausfüllt.

Die Geschichte der Paulinerkirche bis zu ihrer Zerstörung

1240 wurde die Klosterkirche des Leipziger Dominikanerkonvents zu Ehren
des heiligen Paulus geweiht. Da die Dominikanermönche wegen ihres
Patrons auch »Pauliner« genannt werden, setzt sich die volkstümliche Bezeichnung als »Paulinerkirche« durch. Es handelte sich um einen schlichten,

flachgedeckten Backsteinbau mit sieben Jochen und polygonalem Chor. Diese turmlose Bauform entsprach dem frühen Typus der mitteldeutschen Bettelordenshallen, der architektonisch die materielle Bedürfnislosigkeit des geistig anspruchsvollen Menschen unterstrich.

Die enge Bindung zwischen Paulinerkirche und Universität begann bereits 1409 mit dem Auszug der deutschsprachigen Magister und Scholaren aus Prag, die zunächst von den Leipziger Dominikanern aufgenommen wurden. Auch nachdem im selben Jahr in den Mauern des benachbarten Augustinerklosters St. Thomas die Leipziger Universität gegründet wurde, blieben die Türen der Paulinerkirche für akademische Feierlichkeiten offen. Zudem diente St. Pauli bis Anfang des 19. Jh. als Begräbnisstätte der Universitätsrektoren.

Ab 1485 erfuhr das Gotteshaus eine Vielzahl prägender spätgotischer Umbauten. Nach der Wölbung der Langhausdecke wurde 1511 der bisher einschiffige Chor abgetragen und eine dreischiffige rautennetzüberwölbte Chorhalle errichtet.

Mit der Ausbreitung der Reformation sind schwerwiegende Folgen für das Dominikanerkonvent verbunden: Im Zuge der Säkularisierung wurde das über 300 Jahre alte Kloster aufgelöst. Dass der energische Reformverfechter

*links: Universitätskirche St. Pauli mit Fassade von Albert Geutebrück,
Fotograf unbekannt, um 1880
mittig: Blick zur Orgel, Foto Johannes Widmann, um 1955
rechts: Kreuzgang, Foto Hermann Vogel, um 1900*

Moritz von Sachsen die Klosteranlage nicht zerstören ließ, ist das Verdienst des damaligen Universitätsrektors Caspar Boerner. Auf sein Betreiben wurde 1543 die gesamte Anlage der Universität Leipzig übereignet und bildete deren neues Zentrum. Im August 1545 predigte Martin Luther bei der Umwidmung von St. Pauli zur protestantischen Universitätskirche. Seither erfüllte die Paulinerkirche die Funktion der Universitätsaula.

Zwischen 1710 und 1712 wurde der Kirchenraum stark barockisiert. Auch die 1728 eingebaute Holzkanzel von Valentin Schwarzenberger zeugt von der zunehmenden barocken Überformung des Kircheninneren.

Nach schwerwiegenden Beschädigungen durch die napoleonischen Truppen, die 1813 im Vorlauf der Völkerschlacht ein Lazarett und Gefangenenlager in der Kirche einrichten, musste die Paulinerkirche restauriert werden. Dabei erhielt der Kirchenraum ein neues klassizistisches Gestühl.

1831–1836 wurde auf den Fundamenten des mittelalterlichen Klosters das »Augusteum« als neues Universitätshauptgebäude errichtet. Die Arbeit, die der Universitätsbaumeister Albert Geutebrück nach Plänen von Karl Friedrich Schinkel ausführte, sollte dem ebenfalls noch im Entstehen begriffenen Augustusplatz ein unverwechselbares Antlitz verleihen. Zwei

Jahre nach der Fertigstellung des Augusteums erfuhr auch die Chorfassade von St. Pauli eine Neugestaltung, um das neu entstandene repräsentative Ensemble an der Westseite des Augustusplatzes zu harmonisieren.

In den Jahren 1892–1896 wurde das Augusteum durch den Leipziger Architekten Arwed Roßbach im Stil der Neorennaissance umgebaut. Damit einher ging eine neugotische Überformung des Ostgiebels von St. Pauli. In dieser Form überstand die Paulinerkirche den verheerenden Bombenangriff am 4. Dezember 1943 nahezu unbeschädigt, während weite Teile der Leipziger Innenstadt und auch das Ensemble des Augustusplatzes weitgehend zerstört wurden.

Die Schäden an der Kirche konnten schnell beseitigt werden. Als Mitte der 1950er Jahre im Zuge des Wiederaufbaus der Innenstadt viele Vorschläge zur Neugestaltung des Augustusplatzes zu hören waren, stand der Erhalt von Paulinerkirche und Augusteum nicht zur Disposition. Es war zunächst nur die Universitätsleitung, die einen modernen Neubau der bereits begonnenen Rekonstruktion des Augusteums vorzog und Überzeugungsarbeit für einen Abriss leistete. Der Augustusplatz sollte politisches, akademisches und kulturelles Zentrum und damit Symbol einer fortschrittlichen,

links: Altar in der Universitätskirche St. Pauli,
Foto Johannes Widmann, 1955
rechts: Ansicht von Nordwesten,
Foto Johannes Widmann, um 1955

sozialistischen Gesellschaft werden. Schließlich ordnete die Stadtverordnetenversammlung den Abriss der Kirche an. Am 30. April 1968 wurde
die Kirche unter polizeilicher Überwachung gesprengt. Demonstrationen,
auch das Fotografieren, wurden verboten. Der 1975 fertig gestellte Universitätsneubau dominierte nun anstelle der Universitätskirche die Westseite
des Augustusplatzes, der mit neuer Oper und neuer Hauptpost zu einem
veritablen Beispiel sozialistischer Nachkriegsarchitektur wurde.

Gerettete Kunst aus St. Pauli

In der 700-jährigen Geschichte von St. Pauli fanden viele außerordentliche
Kunstwerke ihren Weg in die Universitätskirche. Vor der Sprengung räumte
die Stadtverordnetenversammlung genau 25 Stunden Zeit für die Bergung
der Inneneinrichtung ein – selbstverständlich zu wenig, um alle kostbaren
Kunstschätze und Ausstattungsstücke zu retten. Nur Weniges konnte vor
der Zerstörung bewahrt werden und fand später seinen Platz in der Kustodie
der Universität oder als Spolien im Universitätsneubau.
Eine Vielzahl von Epitaphien und Grabplatten schmückten den Innenraum. Die vormals im Kreuzgang an der Südseite von St. Pauli aufgestellten

Grabplatten sind heute unter konservatorisch wie ästhetisch unzureichenden Bedingungen im Innenhof der Universität und auf der Grimmaischen Straße aufgestellt.

Zwei der außergewöhnlichsten Kunstwerke der Paulinerkirche, die vor der Sprengung geborgen werden konnten, sind wahrscheinlich mit den Professoren und Studenten während des Auszuges aus Prag nach Leipzig gelangt. Es handelt sich dabei um eine Holzstatue des Thomas von Aquin, sowie um eine bemalte Altartafel, die auf der einen Seite die Verkündigung, auf der anderen Seite Magdalena mit Dominikus darstellt. Beide Werke können auf etwa 1400 datiert werden und zeigen deutlich einen böhmischen Einfluss.

Bemerkenswert ist zudem der erhaltene Flügelaltar, der heute der Thomaskirche als Altar dient. Dieses hervorragende Werk der Spätgotik, datiert auf etwa 1500, zeigt eine geschnitzte Festtagsseite und zwei gemalte Wandlungen nach Vorlagen Martin Schongauers.

links: Karl-Marx-Platz (heute Augustusplatz) Augusteum und Unikirche,
Foto Hans Drechsel, Mai 1968
rechts und S. 42: Sprengung der Unikirche, Foto Kurt Franzheld, 30. Mai 1968

Kirche als Erinnerungsort

Bereits seit dem beginnenden Aufbruch der Bürgerbewegungen Anfang der
1980er Jahre wurde, wenn auch fern einer staatlichen Öffentlichkeit, der
Abriss der Paulinerkirche als Sinnbild einer verfehlten Politik betrachtet. In
Untergrundpublikationen veröffentlichte man trotz Verbot aufgenommene
Fotografien der Sprengung und Erlebnisberichte.

Nach der Wende im Herbst 1989 wurde es möglich, den Verlust des Gotteshauses in der breiten Öffentlichkeit zu thematisieren und als Symbol für
parteistaatliche Repression und eine der Bevölkerung abgewandte, ideolo-
gische Bau-, Kunst- und Kulturpolitik zu verwenden. Schon bald wurden
erste Rufe nach einem Wiederaufbau laut. Die daraufhin zunächst verhal-
ten einsetzenden Kontroversen zwischen Wiederaufbaubefürwortern und
-gegnern entwickelten sich zu einer emotional aufgeladenen und verworrenen
Debatte, in der sich zwei Aspekte überlagerten: Zum einen die Frage nach
dem Andenken an jenen Bau, der das Gesicht des Augustusplatzes seit Ende
des 19. Jh. entscheidend prägte, zum anderen die Auseinandersetzung mit
jenem Regime, auf dessen Geheiß die Zerstörung des über 700 Jahre alten

Baukunstwerkes ausgeführt wurde. Häufig wurden diese Aspekte zudem in den Kontext einer Diskussion um die Verankerung religiöser Werte in der Gesellschaft eingebettet. Als herausragende Konfliktparteien in der vielfältigen Leipziger Streitlandschaft agierten eine 1992 gegründete Bürgerinitiative zum Wiederaufbau der Paulinerkirche, die Universität Leipzig sowie die sächsische Landesregierung. Während der – in seinen Forderungen oft uneinige – Paulinerverein zunächst den vollständigen Wiederaufbau der Kirche anstrebte, lagen die Interessen der Universität in der Errichtung eines funktionalen Neubaus, der zum 600-jährigen Universitätsjubiläum im Jahr 2009 fertig gestellt werden sollte. Die Befürworter sahen im Wiederaufbau der Kirche u. a. eine Wiedergutmachung begangenen Unrechts und die Heilung der baulichen wie mentalen Wunden von 1968. Sie hofften auf die Stärkung der Leipziger Identität und das Wiedererblühen des verloren geglaubten religiösen Lebens in der Stadt. Die Gegner der Rekonstruktion argumentierten hingegen mit der ungeklärten Nutzung eines neuen Kirchenraumes angesichts der Bedürfnisse einer modernen Universität und der Finanznot der bestehenden Leipziger Gemeinden. Sie forderten, dass an

die barbarische Zerstörung der Paulinerkirche in einer zukunftgewandten Gestaltung des Leipziger Universitätsneubaus erinnert werden müsse, da die Geschichte nicht mit Kopien endgültig verlorener Bauwerke revidiert werden kann.

Einen die Debatte beendenden Kompromiss sollte ein Architekturwettbewerb bringen, den der Niederländer Erik van Egeraat für sich entschied. Durch die Andeutung des markanten Dreiecksgiebels der Paulinerkirche ist sein Entwurf von der ehemaligen Kirche stark beeinflusst, zumal der Innenraum gleichermaßen als Aula wie auch als Andachtraum konzipiert wurde.

Auch wenn der Bau von St. Pauli unabänderlich zu den verlorenen Gebäuden der Stadt zählt, so wird die Paulinerkirche in der Erinnerung der Leipziger stets präsent sein.

Kirche heute: Schletterplatz, 04107 Leipzig
Pfarramt: Schletterstraße 5, 04107 Leipzig

Alte Peterskirche, Peterskirchhof, im Vordergrund das 1860 abgetragene Peterstor, Foto Bertha Wehnert-Beckmann, um 1860

Ev.-Luth. Peterskirche

Die Alte Peterskirche an der Petersstraße

Die 1213 erstmals urkundlich erwähnte capella beati Petri entstand wahrscheinlich zeitgleich mit der deutschen Burg (siehe Matthäikirche) im 10. Jh. und diente als Pfarrkirche für eine ältere slawische Siedlung, die auf dem heutigen Wilhelm-Leuschner-Platz verortet wird. Die Kirche, deren Gestalt keine Überlieferung gefunden hat, erhob sich an der Stelle der 1888 von Paul Emmrich und Max Hasak erbauten ehemaligen Reichsbank (heute Leipziger Musikschule). 1507 wurde ein an Stelle des Vorgängerbaus neu errichtetes Gotteshaus geweiht. Nach Einführung der Reformation in Leipzig 1539 diente sie zunächst als Kalkscheune, später als Kaserne. Für evangelische Predigtgottesdienste und Katechismenexamina wurde die Kirche 1710–1712 wiederhergerichtet und nach Plänen des Zimmermeisters Johann Christian Schmidt barock umgestaltet. So bildete die Kirchenfassade der Westseite zusammen mit dem 1722/23 von Matthäus Daniel Pöppelmann (Erbauer des Dresdner Zwingers) geschaffenen, bereits 1860 wieder abgerissenen Peterstor ein eindrucksvolles Ensemble. Beim Abbruch der Kirche 1886 wurden vier in Erlenholz geschnitzte, von Caspar Friedrich Löbelt geschaffene Evangelistenstatuen gefunden, die heute im Besitz des Leipziger Museums für Bildende Künste sind.

Bau der Neuen Peterskirche am Schletterplatz

Bereits 1876 bei der Gründung der Petersgemeinde und dem damit verbundenen »Aufstieg« der alten Peterskirche zur selbstständigen Pfarrkirche verständigte man sich auf einen repräsentativen Kirchenneubau in der Südvorstadt als Zentrum der Parochie. Bis dahin war sie als Predigtkirche St. Thomas zugeordnet. Die sich anschließende Ausschreibung verlangte, dass der Bau in »einer, dem protestantischen Cultus am meisten entsprechenden centralen Form projektiert werden« sollte. Die eingereichten Entwürfe bilden so ein beeindruckendes Spektrum der Lösungen des Zentralbauproblems im protestantischen Kirchenbau des Historismus. Der Berliner Architekt Karl Emil Otto Fritsch kritisierte an den eingereichten Entwürfen die Kosten und Praktikabilität missachtende Profilierungssucht. Auf sein Anraten erarbeiteten die Architekten August Hartel (Krefeld) und Constantin Lipsius (Leipzig) einen Gemeinschaftsentwurf. Es entstand eine weiträumige neugotische Langhauskirche in Formen der Kathedralgotik mit eingezogenem, einjochigem $5/8$-Chor. Nach dreijähriger Bauzeit wurde am 27. 12. 1885 auf dem vom Rat der Stadt zur Verfügung gestellten Schletterplatz Leipzigs bedeutendster Sakralbau aus der Zeit des Historismus eingeweiht. Die Pointe des Baues bilden, ein Querhaus suggerierend, der nördlich des Chores vorgesetzte 89 m hohe Hauptturm und die ihm südlich gegenüber liegende oktogonale Taufkapelle. Den Westabschluss formt eine Doppelturmfront, deren Giebel eine Maßwerkrose und eine von Johann Joseph Racké geschaffene Figurengalerie einschließt (Christus mit Weltkugel auf einer von Teufelsfigur gebildeten Konsole; Abraham, Moses und Maleachi zur Linken; Johannes, Paulus und Petrus zur Rechten). Diesem ist das Hauptportal triangelförmig vorangesetzt. Das 1937 von Alfred Brumme geschaffene Ehrenmal in Erinnerung an 1.400 im Ersten Weltkrieg gefallene Gemeindeglieder steht an dessen Spitze. Den Chor umschließen drei Rundkapellen. Am Obergaden sind Tiergestalten angebracht. Der Innenraum erlangt seine Weitläufigkeit dadurch, dass die Emporen nur $2/7$ der Raumbreite einnehmen. Die im Krieg zum größten Teil verloren gegangenen Glasfenster der Firma Hertel & Lersch stellten, wie bei der Eingangsfront, alt- und neutestamentliche Szenen sowie die beiden ernestinischen Kurfürsten dieser Zeit dar. Altar, Kanzel und Lesepult stam-

links: Peterskirche, Außenansicht
rechts: Taufkapelle der Peterskirche

men im Entwurf von August Hartel und sind Arbeiten aus französischem Kalkstein bzw. Marmor. Auf dem Altar ist eine Darstellung des Emmaus-Mahles zu sehen. Die zum Mittelteil gehörenden Engelsfiguren sind nicht mehr vorhanden. Zwei der Evangelistenfiguren, die unter den Baldachinen standen, sind nach Entwendung der beiden anderen im Pfarrarchiv sichergestellt worden. Das Werk der 1886 durch die Firma Sauer errichteten repräsentativen Orgel wurde zu großen Teilen von Unbekannten ausgebaut. Es muss ein außerordentliches Instrument gewesen sein, da es der Firma in der Folgezeit zwei weitere Aufträge, in der Leipziger Heilandskirche und in der Thomaskirche, einbrachte. Die sowohl im Außen- als auch Innenbau im Zweiten Weltkrieg schwer beschädigte Kirche wird zur Zeit saniert, was aus finanziellen Gründen nur sehr schleppend vorangeht. Vor allem der Mitteldeutsche Rundfunk und die Leipziger Musikhochschule nutzen das Gotteshaus regelmäßig für Konzerte. Jeden Donnerstagmittag spielen Kirchenmusikstudenten zum »Orgel-Punkt-Zwölf«. Auch dass die Kirche vom Evangelischen Schulzentrum genutzt wird, macht sie zu einem lebendigen Begegnungsort.

Kirche: ehemals Matthäikirchhof
(existiert nicht mehr)

links: Matthäikirche von Südosten,
Fotograf unbekannt, um 1900
mittig: Matthäikirche von Nordosten,
Fotograf unbekannt, um 1895
rechts: Matthäikirche,
Foto Hermann Walter, um 1895

Ev.-Luth. Matthäikirche

Nur der Name des Matthäikirchhofs und ein hinter dem ehemaligen
Staatssicherheitsgebäude aufgestellter Gedenkstein erinnern an die hier
einst vorhandene Kirche. Wie in den Pegauer Analen vermerkt ist, wurde
den Franziskanern gestattet, ein Kloster »neben« einer der drei Zwing-
burgen des Markgrafen Dietrich zu erbauen. Diese wurde im Laufe der
Auseinandersetzung mit der Leipziger Bürgerschaft nach der Gründung
des Thomasstifts 1224 geschleift. Auf dem Gebiet des heutigen Matthäikirchhofs entstand Ende der 1220er Jahre die Anlage eines Franziska-
nerklosters samt Klosterkirche. 1476 begann eine intensive Bautätigkeit.
Man errichtete unter Verwendung alter Fundamente der Burg eine neue
Klausur. Schließlich begann 1488 der Neubau der Klosterkirche. Nach der
reformationsbedingten Auflösung des Klosters 1543 kam es durch das Vor-
kaufsrecht der Stadt in deren Besitz. Die Klausur auf der Südseite wurde
zu einem Wohnviertel umgestaltet, der Chor abgebrochen und die Kirche
selbst seit 1552 von Kaufleuten als Stapelplatz genutzt. Ende des 17. Jh. kamen Bestrebungen zur Wiederherstellung des Gebäudes als Kirche auf. Sie
konnten aber erst 1699 durch finanziellen Einsatz der Leipziger Kaufleute
umgesetzt werden. Die am 24.9.1699 geweihte Neukirche wurde nach Plänen von Georg Winckler zu einer evangelischen Gemeindekirche barock
umgestaltet. Es entstanden zahlreiche Familienkapellen und Betstuben der
begüterten Kaufleute. An der Nordostseite entstand ein Treppenturm mit

Türmerwohnung. Schließlich errichteten Zimmermeister Johann Christian Schmidt und Maurermeister Johann Gregor Fuchs 1703/04 inmitten des Daches einen Dachreiter. Nach erneuter Zweckentfremdung des Gotteshauses als Kriegsgefangenenlager und Lazarett während der Völkerschlacht 1813 wurde die Kirche 1876 zur Pfarrkirche erhoben. Dies veranlasste den Kirchenvorstand dazu, umfassende Restaurierungsarbeiten in Auftrag zu geben. Nach Entwürfen des Leipziger Architekten Oscar Mothes entstand, bedingt durch die Vorgaben des bestehenden Baues und die repräsentativen Bedürfnisse einer lutherischen Pfarrkirche, einer der eigenwilligsten Kirchenräume Leipzigs. Die 1880 abgeschlossene Restaurierung veränderte alle Bauteile neugotisch. Man errichtete am östlichen Ende des südlichen der beiden Schiffe einen polygonalen neugotischen Chor mit reichen Maßwerkfenstern. So wurde äußerlich sichtbar die Innendisposition des Raumes nach Osten ausgerichtet. In Matthäikirche umbenannt erfuhr sie eine reiche Innenausmalung, deren ikonographisches Programm sie als evangelisch-lutherische Stadtkirche ausweisen sollte. Während der Bombennacht im Dezember 1943 wurde die Kirche schwer beschädigt. 1948 wurde die Ruine abgebrochen. Die Gemeinde wurde mit der Thomasgemeinde vereint, die zwar ihre Heimat behalten, aber einen Großteil ihrer Seelen verloren hatte. Auch einige Ausstattungsstücke der zerstörten Kirche haben sich dort erhalten.

Kirche: Ferdinand-Lassalle-Straße 25,
04109 Leipzig
Pfarramt: Thomaskirchhof 18,
04109 Leipzig

Ev.-Luth. Lutherkirche

In den 60er Jahren des 19. Jh. begann man, die der Stadt westlich vorgelagerte Auenlandschaft mit Villen und Einzel- und Reihenmietshäusern zu bebauen. In direkter Nachbarschaft zum ebenfalls in Entstehung begriffenen, nur durch den Johannapark abgetrennten, Musikerviertel entstand eines der vornehmsten Leipziger Wohnviertel der Jahrhundertwende.

Am östlichen Ende der mit noblen Bürgerhäusern bebauten Ferdinand-Lassalle-Straße erhebt sich der neugotische gewölbte Verblendziegelbau mit Werksteingliederungen auf kreuzförmigem Grundriss. Den Entwurf lieferte der Leipziger Architekt Julius Zeißig, mit der Bauführung wurde Gustav Mucke aus Zittau betraut. Das räumliche Zentrum des Baues bildet die ausgeschiedene Vierung. Die von ihr abgehenden Querhausarme nehmen die hölzerne Empore auf. Besonders reiche Ausschmückung zeigt das Hauptportal mit Lutherrose aus Sandstein im Giebel, einem Mosaik der Firma Villeroy und Boch im Tympanon und seitlich Statuen der Apostel Petrus und Paulus (heute nicht mehr am Platz). Im Zweiten Weltkrieg wurden das Dach und die Farbfenster zerstört, seither gab es mehrere Reparaturen. 1973 wurde der alte Altar von Heinrich Behr (1886) abgebrochen und durch einen Tischaltar ersetzt. Das für den Aufsatz des alten Altars von James Marshall geschaffene Altarbild (Kopie von da Vincis »Abendmahl«) befindet sich jetzt an der Stirnwand des Chores.

Kirche: ehemals Sebastian-
Bach-Straße 1/Ecke Schreber-
straße (existiert nicht mehr)
Gottesdienste: Schreber-
straße 14 b, 04109 Leipzig
Gemeindebüro: Hillerstraße 3,
04109 Leipzig

Anglikanische Kirche,
Postkarte um 1900

Anglikanische Kirche

Bereits Mitte des 19. Jh. bestand in Leipzig eine englisch-amerikanische Ko-
lonie, der neben Künstlern vor allem Studenten des Conservatoriums und
der Universität angehörten. Zunächst wurden seit 1864 anglikanische Gottesdienste in angemieteten Räumen abgehalten. Für den Bau einer eigenen Kirche wurde 1870 der Leipziger Architekt Oscar Mothes mit Entwurfsarbeiten
beauftragt, doch zögerte sich der Bau wegen Unklarheiten bezüglich des Bau-
grundstückes um Jahre hinaus. Mothes lieferte Entwürfe für 19 verschiedene
Standorte. Einer der Entwürfe wurde für den Bau der 1878 fertig gestellten
Anglikanischen Kirche in Karlsbad verwendet. Zunächst überließ der Rat der
Stadt der Gemeinde das Grundstück der heutigen Lutherkirche zur Bebauung.
Aus Repräsentationsgründen entschloss man sich schließlich zum Tausch,
so dass die Church of Ascension seit 1884 an der Ecke der Sebastian-Bach-
Straße zwischen Lutherkirche und dem Alumnat des Thomanerchores errich-
tet wurde. 1885 wurde die in Anlehnung an die englische Gotik des 13. Jh.
ausgeführte Kirche geweiht. In späteren Quellen findet sich die Bezeichnung
All Saints Church. Das Langhaus besaß flach abgedeckte Seitenschiffe. Den
Grundriss bildete ein kurzes lateinisches Kreuz, dessen vier eigentliche Kreuz-
arme ein höheres Dach trugen. Eine Besonderheit des Baues bildete die
äußerliche Hervorhebung der Vierung durch Verkragungen und Türmchen.
Der ursprünglich geplante Turm wurde nicht ausgeführt. Im Zweiten Weltkrieg wurde die Kirche zerstört. Die 1955 wieder gegründete Leipzig English
Church feiert heute ihre Gottesdienste im Gemeindehaus der Lutherkirche.

Kirche: ehemals Johannisplatz
(existiert nicht mehr)

*links: Neue Johanniskirche, Lichtdruck,
um 1900
rechts: Johanniskirche von Südosten,
Fotograf unbekannt, um 1900*

Ev.-Luth. Kirche St. Johannis

Einer der wichtigsten Bauten der Leipziger Kirchengeschichte war die Johanniskirche. Ihr Vorgängerbau an selber Position wurde 1305 erstmals erwähnt. Seit 1582–1587 beherrschte die neu errichtete gotische Saalkirche mit Spitzbogenfenstern und Kassettendecke den Johannisplatz. Zu ihrer späteren architektonischen Bedeutung gelangte sie aber erst durch den Anbau eines der schönsten Barocktürme Leipzigs durch Georg Werner zwischen 1746 und 1749.

Durch die Vergrößerung der Gemeinde wurde 1894–1897 ein Neubau des Hauptgebäudes nötig. Der Turm sollte dabei erhalten und die Architektur sensibel angepasst werden. So entstand in wirkungsvoller Lage eine schmuckvolle neobarocke Hallenkirche. Die Innenausstattung, teilweise unter Einbezug historischer Kunstwerke, war beeindruckend. Vier prachtvolle Marmorsäulen trugen die hölzerne Kassettendecke. Höhepunkt war sicherlich der ursprünglich 1721 von Johann Maria Fossati, Paul Heermann und Johann Jacob Irminger geschaffene barocke Marmoraltar der Thomaskirche, der in der Johanniskirche leicht verändert wiedererrichtet wurde.

Johann Sebastian Bach und dem hoch angesehenen Christian Fürchtegott Gellert schuf man Kenotaphe, während ihre Gebeine vom Friedhof überführt und in einer Gruft unter dem Altar beigesetzt wurden. Die schweren Zerstörungen durch Bombenangriffe 1943/44 vernichteten beinahe die gesamte Innenausstattung.

In der Folge trug man die Ziegel des Schiffes ab, um damit 1949/50 die Trinitatiskirche in Anger-Crottendorf zu errichten. Etwa zur selben Zeit wurden die sterblichen Überreste von Johann Sebastian Bach in die Thomaskirche überführt.

Erst 1963 wurde dann endgültig der Abriss des eleganten und für den Johannisplatz so prägenden Turmes beschlossen. Seit einigen Jahren existiert eine Initiative zum Wiederaufbau des Johanniskirchturms.

Evangelisch-Reformierte Kirche

Dieses interessante Bauensemble aus Kirche und direkt angeschlossenem Predigerhaus entstand unter der Leitung von Georg Weidenbach und Richard Tschammer im Ergebnis eines Wettbewerbs, der 1895 von der Reformierten Gemeinde Leipzig ausgeschrieben worden war. In besonders repräsentativer Lage sollte der Neorenaissance-Bau mit seinem charakteristischen Eckturm nach seiner Fertigstellung 1899 zur neuen städtebaulichen Dominante an der Nordwestecke des Stadtkerns werden. Die Architekten griffen bei der Gestaltung der detaillierten, reich durchbilderten Fassaden auf Leipziger Bautraditionen des 16. Jh. zurück. Damit schufen sie einen der frühsten Bauten des Historismus in Leipzig. Er zeigt Renaissanceformen und kann gleichzeitig als stilbildend für die Connewitzer Kirche (erbaut 1898–1900) und die Michaeliskirche (erbaut 1901–1904) angesehen werden. Die üppig ornamentierte, mit Sandsteinen verblendete Ziegelfassade bietet in ihrem Schmuckreichtum einen Ausgleich zur bescheidenen Dimensionierung des Baukörpers. Der Innenraum war für 700 Sitzplätze konzipiert. Der 67 Meter hohe, kupfergedeckte Eckturm mit seiner Haubenkonstruktion und Doppellaterne beherrscht die Gebäudegruppe aus Kirche und Pfarrhaus. Nach der starken Beschädigung im Zweiten Weltkrieg wurden große Teile des zentralisierenden Innenraums unter Verwendung neuer Formen bei Erhaltung des Grundkonzepts wiederaufgebaut. Im Jahr 2000 bestand die von französischen Hugenotten gegründete Gemeinde seit 300 Jahren und hatte 1.640 Mitglieder.

Kirche: Nordplatz, 04105 Leipzig

Ev.-Luth. Michaeliskirche

Der kreuzförmige Zentralbau auf dem Nordplatz bildet den imposanten Abschluss einer Nord-Süd-Achse, deren Ausdehnung vom Alten Rathaus über die Katharinenstraße bis durch die Nordstraße reicht. Um der städtebaulich herausragenden Position gerecht zu werden, entschied man sich nach einem vom Kirchenvorstand 1900 ausgeschriebenen Wettbewerb für einen im Stil der Neorenaissance gehaltenen Entwurf der Architekten Alfred Müller und Heinrich Rust. Der Haupteingang befindet sich unter einer eindrucksvollen, aufwendig gestalteten Turmkonstruktion von knapp 70 Metern Höhe im Süden, was der axialen Stellung des Baukörpers entspricht. Die Sandsteinfassaden sind von allen Seiten reich strukturiert und lockern die traditionellen Renaissance-Formen mit modernen Jugendstilelementen auf. Der rippengewölbte quadratische Innenraum öffnet sich in Form eines griechischen Kreuzes in alle vier Himmelsrichtungen und ist ursprünglich für 1.250 Sitzplätze vorgesehen. Die Innenausstattung mit ihren Schnitzereien in charakteristischen Rosen- und Weinrebmotiven sind wahrscheinlich die besten Jugendstilarbeiten in Leipziger Sakralbauten. Neun farbige Glasfenster mit biblischen Szenen und der Darstellung von Luther und Melanchthon wurden nach Vorlagen von Ludwig Otto aus Dresden geschaffen und bilden den Höhepunkt der Innenausstattung. Vollständig erhalten sind die drei Chorfenster, welche Christi Geburt, Kreuzigung und Auferstehung zeigen.

Kirche: Emil-Fuchs-Str. 5–7, 04105 Leipzig

links: Propsteikirche St. Trinitatis, ehem. Rudolph-straße 1/2, Foto Hermann Walter, um 1890

Kath. Propsteipfarrei St. Trinitatis

Der ungewöhnliche Bau am Rosental ersetzt den ehemals an der Rudolph-straße gelegenen, ersten neogotischen und gleichzeitig ersten römisch-katholischen Sakralbau Leipzigs. Die ehemalige Propsteikirche St. Trinitatis wurde 1845 von Alexander Heideloff erbaut und galt bis zu ihrer Zerstörung durch den Bombenangriff am 4.12.1943 als eine architektonische Zierde des Promenadenrings und der inneren Westvorstadt.

Der moderne kubische Baukörper, der zwischen 1982 und 1984 von einem Architektenteam unter Udo Schultz als Stahlskelettbau ausgeführt wurde, erweckt in seiner äußerlichen Schlichtheit eher den Eindruck eines gewerblichen Nutzbaus. Die Längsseiten werden jeweils durch zwei mächtige stählerne Pylonen gegliedert, die zusätzlich Eingänge aufnehmen und das mit Schiefer verkleidete Dolmendach überragen. Nur der seitlich stehende, das Motiv der Pylone fortführende offene Glockenturm verweist mit seinem hoch aufragenden vergoldeten Kreuz auf den sakralen Charakter des Ensembles. Sehr ergreifend sind dagegen Gestaltung und Lichtwirkung des Innenraums. Die unter dem Thema »Siehe, das Zelt Gottes bei den Menschen...« in Stahlblech ausgeführte Altarwand ist von großem künstlerischen Reiz und entstand nach einem Konzept des Metallgestalters Achim Kühn. Ihre Wirkung beruht vor allem auf einer dem Material eher uneigenen Leichtigkeit und der Dynamik einer scheinbar schwungvollen Bewegung, die einer Stoffbahn im Wind nachempfunden wurde. Einen Kontrast dazu bilden die geometrische Regelmäßigkeit der Deckenkonstruktion und die wabenförmige Wandverglasung.

Kirche: Kirchplatz, 04155 Leipzig

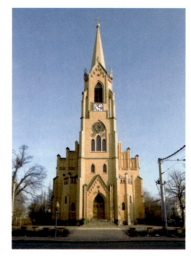

Ev.-Luth. Friedenskirche

Gleichsam das Wahrzeichen von Gohlis bildet die 1872 fertig gestellte Frie-
denskirche. Gebaut wurde das 700 Sitzplätze bietende Gotteshaus nach
einem Entwurf von Hugo Altendorff
anlässlich der Verselbständigung der
Gohliser Kirchengemeinde im Jah-
re 1870. Ihren Namen erhielt sie jedoch erst 1902 im Gedenken an den
Deutsch-Französischen Krieg von 1870/1871.

Bemerkenswert an diesem neogotischen Bau ist neben der detailreich ge-
gliederten, gelb und rot verblendeten Westturmfassade mit Strebepfeilern
und Hauptportal vor allem die Turmspitze. Das Dach wurde hier nicht wie
üblich gedeckt, sondern bis unter die Turmkugel ausgemauert und mit aufgesetzten Blendziegeln versehen. Auffällig und ungewöhnlich sind die reich
verzierten Treppengiebel nach dem Vorbild norddeutscher Backsteingotik.
Hinter der Fassade schließt sich ein dreischiffiges Langhaus, gefolgt von
einem zwei Gewölbejoche umfassenden polygonalen Chor mit $^3/_8$-Schluss,
an.

Von der reichhaltigen originalen Ausstattung sind Altar, Kanzel, Taufstein,
Lesepult, Gestühl und Orgel erhalten. Das Altarkreuz aus Lindenholz und die
neogotische Kanzel stammen vom Leipziger Holzbildhauer Robert Martin.
Kirche und Ausstattung ergeben in ihren schlichten neogotischen Formen
einen harmonischen Gesamteindruck. Leider fielen die außergewöhnlichen
Glasgemäldefenster, welche für die andachtsvolle Atmosphäre im Innenraum
verantwortlich waren, und die Nordsakristei den Zerstörungen des Zweiten
Weltkriegs zum Opfer. Lediglich die Apsis wurde 1955 mit neuen Glasmalereien
von Max Alfred Brumme versehen. Die Vorhalle prägen seit 1926 zwei in
Eisen gegossene Gedenktafeln nach einem Entwurf von Carl Seffner.

Kirche: Platz des 20. Juli 1944,
04157 Leipzig
Pfarramt: Hoepnerstr. 17,
04157 Leipzig

Kath. Pfarrei St. Georg

Bereits 1895 existierten Pläne für den Bau einer römisch-katholischen Kirche am heutigen Platz des 20. Juli 1944. Im Jahre 1906 wurde das Gelände am Jägerplatz erworben und 1909 ein Entwurf vom Leipziger Architekten Clemens Lohmer vorgelegt. Als Übergangslösung diente bis dahin eine improvisierte Kapelle in der benachbarten katholischen Schule. Allerdings verhinderte die kriegsbedingte Aussetzung des Kirchenbauplans bis 1922 eine Ausführung des Bauvorhabens in Gohlis. Erst 1922/23 konnte der zwischenzeitlich überarbeitete und dabei deutlich reduzierte Entwurf in die Realität umgesetzt werden. Es entstand ein relativ schlichter Bau in Form einer flach gewölbten Basilika mit glattem Chorschluss und Rundbogenfenstern. Die durch Giebel betonten Querschiffseiten in der Formensprache des ausklingenden Jugendstils sowie der gedrungene Dachreiter verleihen dem Bau Schwere und Monumentalität. Besondere Aufmerksamkeit schenkte man der Innenausstattung, die von Künstlern der Düsseldorfer Akademie gestaltet wurde. Die Pfarrkirche diente von Anfang an als Gedenkstätte für die im Ersten Weltkrieg gefallenen katholischen Akademiker, was sich im Bildwerk zeigt, welches die katholische Studentenschaft »Bonifatius-Einigung« stiftete. Die Leitung der liturgischen Ausgestaltung lag bei Peter Dietrichsweiler, die Ausführung unter anderem bei Jupp Rübsam und Daniel Josef Sommer. Erweiterungsarbeiten ergänzten das Kirchengelände 1927 um eine Einfriedung mit zwei Eckkapellen. Weitere Renovierungen und Umbauten 1945, 1957, 1967/70, 1982/83 veränderten immer wieder Details an der Baugestalt und reduzierten die Innenausstattung.

Kirche: Viertelsweg/
Franz-Mehring-Straße 44,
04157 Leipzig

Ev.-Luth. Versöhnungskirche

Nachdem bei der Ausschreibung des Kirchenvorstandes 1928 der Entwurf
von Hans Heinrich Grotjahn ausgewählt wurde, begann 1930 der Bau
eines der wenigen bedeutenden Sakralbauten der klassischen Moderne in
Deutschland. Die noch vergleichsweise konventionelle Konzeption fand ihre
Umsetzung in einer radikalen Symbiose aus Funktionalität und Ästhetik.
Diese war um eine zeitgemäße Architektur bemüht und somit der Ideologie
des Bauhauses verpflichtet. Entsprechend der Bausituation wurde auf die
übliche Ausrichtung nach Osten verzichtet und der kubische Stahlbetonbau
in Nord-Süd-Richtung gelagert. Die Südseite erzielt ihre Wirkung vor allem
durch ein monumentales farbiges Kreuzfenster mit einem darunter liegenden
Ehrenhof. Den Kontrapunkt dazu bietet der nordwestlich aus der Gebäude-
flucht herausgerückte 43 Meter hohe Turm. Dieser ist gekennzeichnet von
einer weithin sichtbaren Uhr und einem krönenden goldenen Kreuz, dessen
Vertikale durch schmale Fensterbänder betont wird. Das kubische Kirchenschiff wird lediglich durch senkrechte Fensterbänder gestaltet und setzt
seine architektonische Strenge im weiträumigen Inneren fort. Im Norden
schließt es ab in einem schmalen Altarraum, der von einer vier Meter hohen,
geschickt durch ein Dachfenster beleuchtete Christusstatue beherrscht wird.
Der Raum bietet einschließlich der Emporen 700 Sitzplätze und wirkt durch
seine funktionale Sachlichkeit. Einen Höhepunkt stellt die unterhalb der
Orgelempore zugängliche Feierabendkirche dar, ein kleiner Gottesdienstraum, dessen szenisch gestaltete moderne Fenster von Odo Tattenbach und
Curt Metze die Stationen des Lebens Jesu darstellen. Die gesamte bildkünst-
lerische und liturgische Ausstattung stammt von Alfred Brumme.

Kirche: Gräfestraße 16,
04129 Leipzig

Ev.-Luth.
Christuskirche

Die Christuskirche von Eutritzsch ist wahrscheinlich das älteste Gebäude des ehemaligen Leipziger Dorfes. Teile des Turmes sind auf das 13. Jh. datiert worden und weisen auf eine ursprünglich romanische Kirche an dieser Stelle hin. Die bis heute erhaltene spätgotische Fassung geht auf die Jahre 1489 bis 1503 zurück und wurde auf den Resten des Vorgängerbaus errichtet. In dieser Bauphase entstand nicht nur das Hauptschiff mit seinem eleganten Netzgewölbe, auch die im Norden und Süden des steilen Walmdaches angebrachten Backsteingiebel am Turm müssen aus dieser Zeit stammen und stellen eine bemerkenswerte Besonderheit im sächsischen Kirchenbau dar. Bei der Christuskirche handelt es sich um einen, für dörfliche Verhältnisse, sehr repräsentativen Bau. Das hallenartige Schiff und der durch einen Bogen abgetrennte, dreiseitig geschlossene, polygonale Chor werden von einem Rhombennetzgewölbe mit doppelt gekehlten Rippen überspannt. Die Gewölbezwickel waren ursprünglich analog zur Thomaskirche mit Blumenranken sowie Strahlen- und Flammenmotiven ausgemalt. Die Ornamente wurden allerdings 1959 bei einer Restaurierung entfernt. Lediglich über der Orgelempore blieben die originalen spätgotischen Malereien erhalten. Neben dem prächtigen Gewölbe beeindruckt der wertvolle hölzerne Marienaltar im Chor, der um 1480 entstand. Er wurde 1959 aus Machern hierher überführt und ersetzte die drei bis 1847 genutzten Flügelaltäre. Weiterhin bemerkenswert ist die kelchförmige, zwölfeckige Sandsteintaufe aus dem frühen 15. Jh. im Chorraum.

Kirche:
Georg-Herwegh-Str. 7,
04158 Leipzig
Pfarramt:
Georg-Herwegh-Str. 22,
04158 Leipzig

Kath. Pfarrei
St. Gabriel

Neben der alten Dorfkirche besitzt Wiederitzsch zudem einen modernen Kirchenbau. Die ansässige katholische Gemeinde hat sich im Jahre 1968 vom Hallenser Architekten Peter Weeck im Osten des Ortes, tief versteckt in einem Wohngebiet, einen außergewöhnlichen, kleinen Sakralbau errichten lassen. Wegen der allgemeinen Baustoffknappheit verwendete man industrielle Spannbetondachschalen, wie sie zu dieser Zeit vor allem für Werk-, Schwimm- oder Sporthallen genutzt wurden. Es entstand ein sehr funktionales Gebäude in ungewöhnlicher Erscheinung. Dreieckige Klinker-Seitenwände vermitteln zwischen der einzigen durchfensterten Wand aus Stahl und Glas und den schräg angesetzten Dachteilen, die auf der Rückseite bis zum Boden reichen. Ergebnis ist ein Bau mit eigenwilliger Gestalt, aber interessanten ästhetischen Lösungen im Detail. Vor allem die künstlerische Ausgestaltung, eine Arbeit des Bildhauers Friedrich Press, der z. B. auch Altar und Pieta in der Gedächtniskapelle der Dresdner Hofkirche geschaffen hat, ist dabei zu erwähnen. Der gebürtige Westfale machte auf dem Gebiet der DDR durch zahlreiche ungewöhnliche Kirchenraumgestaltungen auf sich aufmerksam. Seine Arbeiten verkörpern eine intensive künstlerische Auseinandersetzung mit der christlichen Botschaft. In Wiederitzsch gestaltete er die plastischen Klinkerwände unter dem Motiv »der wiederkommende Christus« und beweist, dass eine geglückte Synthese aus moderner Baukonstruktion und Durchbildung im Sakralbau entstehen kann.

Kirche: Bahnhofstraße/Schulstraße,
04158 Leipzig

Ev.-Luth. Kirche
Wiederitzsch

Die kleine Dorfkirche von Wiederitzsch liegt gut versteckt hinter dem
hohen Bewuchs des alten Kirchhofes. Lediglich der Dachfirst des steilen
Walmdaches auf dem Turm kann eine gewisse städtebauliche Wirkung
erzielen. Die Wiederitzscher Kirche hat eine bewegte Vergangenheit hinter
sich. Ursprünglich stand eine romanische Chorturmkirche aus dem 12. Jh.
an dieser Stelle. Von deren Erneuerung in spätgotischer Zeit zeugen heute
noch die Strebepfeiler, der Chorturm und die Spitzbogenfenster. Das Innere offenbart eine ungewöhnliche Ausstattung. So finden sich z.B. drei
wertvolle, spätmittelalterliche Terrakotta-Reliefs, die in dieser Form eine
regionale Einmaligkeit darstellen. Zwei davon sind erst bei der Restaurierung vor einigen Jahren entdeckt worden, nachdem sie wahrscheinlich wegen der nachreformatorischen Vorbehalte gegen Heiligenbilder zugemauert
worden waren. Die am besten gearbeitete und zugleich am schwierigsten
zu deutende soll vermutlich den heiligen Bonifatius zeigen. Zwei weitere
bemerkenswerte Kunstwerke der Wiederitzscher Kirche sind die um 1300
gegossene Heinrichsglocke sowie der Altaraufbau aus dem 18. Jh. Dessen
typisch barock verfremdete Säulenarchitektur in Form von Palmen rahmt
den Auferstandenen in einem Glorienschein. Nachdem schwere Schäden am
gesamten Bau beinahe zum Verlust der Kirche geführt hätten, konnte sie in
den letzten Jahren sorgfältig instand gesetzt werden.

Kirche: Seehausener Allee 33,
04356 Leipzig
Kirchgemeinde Hohen-
heida: Grundstraße 18,
04349 Leipzig

Ev.-Luth. Kirche
Seehausen

Die gedrungene Kirche von Seehausen zeigt große Ähnlichkeit zur benach-
barten Kirche in Hohenheida. Beide wurden im 13. Jh. in romanischem
Stil gebaut, 1715 aber innen und außen umgebaut und barockisiert. Die
Ähnlichkeit wurde auch während der Außenrenovierung am Anfang des
18. Jh. unterstrichen, indem beiden Kirchen einen ähnlichen weiß-gelben
Anstrich und übereinstimmende Putzgliederung erhielten.

Noch im 19. Jh. wird verschiedenes Inventar aus der Entstehungszeit im
Kirchenverzeichnis geführt. Zum Beispiel ein Taufstein aus romanischer
Zeit und eine Kirchenglocke aus dem Jahr 1428 mit lateinischer Inschrift.
Auf dem Dachboden wurden sieben Heiligenfigure entdeckt, die um 1500
mit einem neuen Altar in die Kirche kamen.

Im Lauf der folgenden Jahrhunderte wurde die Kirche jedoch baulich vielfach verändert: Um 1500 werden größere, gotische Fenster eingesetzt. Mit
der Barockisierung im 18. Jh. kommt ein neuer Kanzelaltar in die Kirche,
den Johann Christian Senckeisen fertigte. Ende des 19. Jh. wird die Sakristei nach Entwürfen Hugo Altendorffs neu gebaut und die Eingangshalle
erweitert. Die Kirche bekommt eine neue Orgel der Firma Eduard Offenhauer, die in den 1960er Jahren umfassend überholt wird.

Nach der Wende wird die Seehauser Kirche auf Grund von alten Plänen
und Farbuntersuchungen renoviert und die Elemente der verschiedenen
Stilepochen hervorgeholt. Dabei wird auch ein besonders wertvolles mittel-
alterliches Sakramentenhäuschen aus dem Jahr 1455 wieder entdeckt.

Kirche:
Am Anger 67, 04356
Leipzig
Pfarramt:
Grundstraße 18, 04349
Leipzig

Ev.-Luth. Dorfkirche Hohenheida

Eine umfassende Restaurierung von 1992 bis 1994 lässt die Kirche von Hohenheida heute wieder in ihrem barocken Glanz erstrahlen. Außen wurden die Putzflächen in Gelb und Weiß gestrichen, innen hat die dreiseitige Empore ihre kräftige Marmorierung in Rosé und Grau zurück erhalten. An der Orgelempore lässt sich die Jahreszahl 1715 erkennen. In dieser Zeit erhielt die Kirche ihre heutige barocke Gestalt.

Ihre gedrungene Bauform deutet jedoch auf die Ursprünge des Gotteshauses hin. Im 12. und 13. Jh. entstand eine relativ große romanische Westturmkirche leicht erhöht am Rande des Dorfrundlings, umgeben von einem Wallgraben. 1689 erhielt die Hohenheidaer Kirche einen neuen Turm, dessen zierlicher Dachreiter allerdings 1971 abgenommen werden musste, weil er einzustürzen drohte.

Im Altarbereich haben drei hölzerne Figuren aus verschiedenen Epochen Platz gefunden: Eine Christusfigur aus der Spätrenaissance, ein barocker Taufengel und eine spätgotische Madonna mit Jesuskind, die um 1500 entstand. Die Kirche besitzt außerdem drei bemerkenswert alte Glocken: Die große Margarethenglocke, 703 Kilogramm schwer, wurde 1440 gegossen, die kleine und die mittlere stammen aus dem 13. Jh. Die Orgel von Urban Kreutzbach aus dem Jahr 1855 ist fast unverändert erhalten. Zwei Buntglasfenster links und rechts des Altarbereichs zeigen Moses mit den Gebotstafeln und Jesus als guten Hirten.

Kirche Gottscheina:
Am Ring 18,
04356 Leipzig

Kirche Göbschelwitz:
Göbschelwitzer Straße 75,
04356 Leipzig

Pfarramt (für beide):
Grundstraße 18, 04349
Leipzig

Ev.-Luth. Kirche Göbschelwitz und
Ev.-Luth. Kirche Gottscheina

Die beiden Kirchen von Göbschelwitz und Gottscheina liegen in winzigen Orten im Norden Leipzigs, die aber jeweils eigene Kirchen errichteten und bis heute erhalten. Allerdings gehören die Dörfer zu einer räumlich weit gestreckten Kirchgemeinde, die von Seehausen bis nach Seegeritz bei Taucha reicht. Sowohl die Kirche in Gottscheina als auch die in Göbschelwitz wurde nach der Wende instand gesetzt. Seit der Eingemeindung 1997 gehören die Ortsteile von Seehausen zu Leipzig.

Von der ursprünglich romanischen Chorturmkirche in Göbschelwitz ist der trutzige Turm erhalten. Das Kirchenschiff wurde 1857 in neugotischem Stil errichtet. 1990 war das Gotteshaus in einem bedauernswerten Zustand. In Dach und Fenstern klafften Lücken. Ab 1992 wurden hier keine Gottesdienste mehr gefeiert. Seit einer umfassenden Renovierung 1998, während der auch neue Fensterbilder mit Motiven aus einem Paulusbrief gestaltet wurden, ist die Kirche wieder geöffnet. Die im Altargemälde von Alfred Brumme dargestellten Apostel zeigen nicht ganz zufällige Ähnlichkeit mit einigen Göbschelwitzern und Podelwitzern.

Die Kirche von Gottscheina liegt am Rundanger des ehemaligen Universitätsdorfes. Sie wurde 1827 in klassizistischem Stil umgestaltet. 1892 stiftet der Maschinenfabrikant Karl Krause einen neuen Kirchturm.

Kirche: Neutzscher Straße, 04349 Leipzig
Pfarramt: Cleudner Straße 24,
04349 Leipzig

Ev.-Luth. Kirche Hohen-Thekla

Die Kirche von Hohen-Thekla hat wegen ihrer exponierten Lage auf einer Felskuppe an der Parthe gemeinsam mit den Kirchen in Panitzsch und Beucha den Beinamen »Hohe Priester« erhalten. Einzigartig ist die Kirche in Thekla jedoch durch ihr urwüchsiges Erscheinungsbild. Sie gehört zu den markantesten mittelalterlichen Bauwerken in und um Leipzig. Die Außenmauern bestehen aus großen Findlingen. Der wuchtige Westturm, das niedrige Schiff und der rechteckige Chorraum der romanischen Kirche sind bis heute erhalten geblieben. Diese mittelalterliche Konstruktion überstand sowohl ein Feuer während des 30-jährigen Krieges als auch eine verheerende Brandstiftung im Februar 1959. Allerdings fielen dem Brand 1959 kostbare Ausstattungsstücke zum Opfer. Ein spätgotischer Flügelaltar mit einer Mariendarstellung vom Anfang des 16. Jh. gehörte dazu, außerdem der Taufstein aus romanischer Zeit. Die wohl älteste Kirchenglocke im Leipziger Raum wurde vermutlich im 13. Jh. gegossen und ging schon 1908 in den Besitz des Stadtgeschichtlichen Museums über.

Im Baukörper wurde die Kirche 1898 verändert: Der Turm erhielt ein Westportal. Taufstein, Kanzel und Lesepult schuf nach dem Brand 1959 der Dresdner Künstler Werner Hempel. 1966 baute die Firma Eule die Orgel ein. Ein Bildnis Martin Luthers auf vergoldetem Leder wird auf 1660 datiert.

Kirche: Altes Dorf 5,
04349 Leipzig
Pfarramt: Grundstraße 18,
04349 Leipzig

Ev.-Luth. Kirche
Portitz

Die Kirche in Portitz wurde 1867 geweiht, und ist damit eine der frühesten neugotischen evangelischen Pfarrkirchen in und um Leipzig. Etwa zeitgleich wurde im neugotischen Stil die Kirche in Wachau gebaut, von der gegenwärtig nur noch die Ruine zu finden ist. Anstelle der heutigen Kirche stand in Portitz ursprünglich eine Wallfahrtskirche. Die dort angebetete Muttergottesstatue wurde im Zweiten Weltkrieg stark beschädigt und gehört heute zur Sammlung des Stadtgeschichtlichen Museums. Diese Kirche wurde 1865 ganz abgerissen und innen und außen einheitlich neugotisch gestaltet wieder aufgebaut. Die Pläne für die Kirche erarbeiteten die Leipziger Architekten Ernst Wilhelm Zocher und August Friedrich Viehweger. Das Kirchenschiff mit eingezogenem Chor ist als dreischiffige Halle angelegt. Die schmalen Seitenschiffe werden ganz von den Emporen überspannt. Auch die Fenster im Schiff und Chor zeigen spätgotische Proportionen und Motive. Der Turm ist heute etwas niedriger als zur Erbauungszeit. Ein Teil des achteckigen Obergeschosses wurde 1969 abgebrochen.
Innen hat die Kirche ihre neugotische Ausstattung bis heute behalten. Den Altar mit dem lehrenden Christus schufen Franz Schneider und der Maler Wilhelm Souchon. Die Orgel baute Urban Kreutzbach. Von den ursprünglich drei Glocken aus der Erbauungszeit ist nur eine erhalten, sie trägt neugotische Schriftbänder.

Kirche: Grundstraße 17, 04349 Leipzig
Pfarramt: Grundstraße 18, 04349 Leipzig

Ev.-Luth. Kirche St. Martin zu Plaußig

Die zierliche Barockkirche von Plaußig schmückt den Ort inmitten der Auen-landschaft des Parthe-Flüsschens. Der große Rundbogen über der Orgel-empore und das gotische Nordportal (um 1530) erinnern an die Vorgän-gerbauten, die romanisch und früh-gotisch geprägt waren. Ihre heutige barocke Erscheinung erhielt die Kirche zwischen 1726 und 1772. Im Jahr 1726 wurde der Turm umgebaut. Seither präsentiert er sich kühn geschwungen und mit einer Laterne gekrönt. Auf der Wetterfahne sind das Erbauungsjahr und das Jahr der Erneuerung 1980 verzeichnet. Die beiden Glocken gehören zu den ältesten in Leipzig und Umgebung. Die kleinere wurde 1400 gegossen, die größere 1439. Zwar wur-de die kleine Glocke im Zweiten Weltkrieg zum Schmelzen eingezogen, konnte jedoch 1948 unversehrt in Hamburg geborgen werden.

Der Innenraum wurde 1772 barock umgestaltet. Man baute die umlaufende Empore ein, marmorierte die Säulen und errichtete einen barocken Kanzelal-tar. Auch der Taufstein stammt aus dieser Epoche, er wurde 1791 aufgestellt. 1881 wurde an Stelle der barocken Orgel eine neue durch den Delitzscher Orgelbauer Eduard Offenhauer eingebaut. Sie wurde nach 1990 umfassend restauriert, ebenso wie der barocke Innenraum und der in Rot und Weiß gehaltene Außenputz.

Kirche: Kieler Straße (Höhe Haus Nr. 13/15),
04357 Leipzig

Ev.-Luth. Stephanuskirche

Die Stephanuskirche trägt ihren Namen seit 1926, nachdem Mockau neun
Jahre zuvor nach Leipzig eingemeindet wurde. Ihre Baugeschichte ist lang
und kompliziert. Die Mockauer Dorfkirche wurde vermutlich im 12. Jh. als
romanische Chorturmkirche erbaut.
Davon zeugen heute noch der massive querrechteckige Westturm und die
Mauern des Schiffes. Im Jahre 1787, also zur selben Zeit als auch die Leipziger Nikolaikirche ihren großen Umbau erfuhr, wurde ihre Gestalt stark verändert. Im Rahmen einer frühklassizistischen Überformung wurden Schiff
und Chor erhöht und die Fenster vergrößert. Die mit klassizistischen Ornamenten geschmückte Kanzel versetzte man in eine romanisch anmutende
neu geschaffene Nische in die östliche Chorwand. Neu gebaut wurden
zu dieser Zeit weiterhin eine dreiseitig umlaufende Empore, getragen von
Säulen toskanischer Ordnung, und das beidseitig des Mittelgangs in zwei
Blöcken angeordnete Gestühl. Eine von Gottfried Hildebrand konstruierte
Orgel mit einem Prospekt in schlichten Neorenaissanceformen kam 1896
auf der Westempore hinzu. Zu weiteren einschneidenden Veränderungen
führte die Innenrestaurierung unter der Leitung von Gerhart Pasch 1969 bis
1971. Neben neuer Beleuchtung erhielt die Kirche bei dieser Gelegenheit
auch einen modernen Tischaltar und eine dem klassizistischen Raum adä-
quate Ausmalung. Seinen neuen hellen Fassadenanstrich trägt der Bau seit
1990. Die bisher letzte Änderung fand mit dem Umbau 1993 statt, als die
baufällige Sakristei an der Ostseite durch einen vergrößerten Anbau ersetzt
wurde, der seitdem als Gemeinderaum dient.

Kirche: Ossietzkystr. 41/Ecke Zeumerstraße 4,
04347 Leipzig
Pfarramt: Ossietzkystraße 39, 04347 Leipzig

Ev.-Luth. Gedächtniskirche Schönefeld

Die Kirche steht am Rande der Parthenaue auf einer Erhebung, die früher weithin sichtbar war. Wohl schon vor tausend Jahren wurde hier an hervorragender Stelle eine christliche Kirche erbaut. Sie war von Anfang an für die geistliche Versorgung eines größeren Gebietes von acht Dörfern im Nordosten von Leipzig bestimmt.

Schönefeld und seine Kirche wurden 1813 im Verlauf der Völkerschlacht weitgehend zerstört. 1820 wurde die Kirche in ihrer heutigen Form geweiht. Das barock anmutende Gebäude umschließt einen klassizistisch geprägten Innenraum. Durch ein besonderes Ereignis ging die Kirche auch in die Musikgeschichte ein: Am 12. September 1840 ließen sich hier der Komponist Robert Schumann und die Pianistin Clara Wieck trauen.

In der Kirche findet sich eine bemerkenswerte kelchförmige Taufe, die in Jerusalem angefertigt wurde. Angeblich verwendete man dazu Olivenholz von Bäumen aus dem Garten Gethsemane. Die Patronatsherrin Clara Hedwig Baroness von Eberstein schenkte sie 1870 ihrer Kirchgemeinde. Nach ägyptischem Vorbild ließ die weit gereiste, gebildete Frau für sich und ihre Familie südlich der Kirche eine Grabpyramide mit bronzenen Löwenfiguren errichten.

Den Namen »Gedächtniskirche« erhielt das Gotteshaus erst nach einem Umbau 1915/1916. Die heutige Orgel ist ein Neubau der Bautzener Firma Eule aus dem Jahr 1974.

Kirche:
Ossietzkystraße 60,
04347 Leipzig

Kath. Pfarrkirche Heilige Familie

Nachdem bereits seit 1921 regelmäßig Gottesdienste im Schönefelder Rathaussaal abgehalten worden waren, wurden seit den Gründungen der Expositur Leipzig Nordost-Schönefeld und des Kirchenbauvereins 1924 intensiv die Pläne für den Bau eines eigenen Kirchenraumes vorangetrieben.

Die 1928 errichtete Notkirche diente in den folgenden Jahren u. a. für Konzert- und Theateraufführungen und als Turnhalle. 1951 wurde vor allem der Altarraum nach Plänen des Kirchenbauarchitekten Marquart umgestaltet. Nach weiteren Renovierungen entstand in den Jahren 1971–1975 der heutige Kirchenraum. Der Architekt Peter Weeck veränderte unter Mitarbeit des Pfarrers Günter Negwer die Ausrichtung des Saales, indem er den Altarplatz von der Schmalseite des Raumes auf die südliche Längsseite verlegte. Die hölzernen Relieftafeln des Kreuzganges und die gesamte Ausstattung fertigte der Künstler Friedrich Press.

1993 konnte die Gemeinde den von Gerd Bürger entworfenen Anbau beziehen. Neben einem Pfarrsaal und weiteren Gemeinderäumen sind dort auch drei Wohnungen untergebracht.

Kirche: Neustädter Markt 8, 04315 Leipzig

Ev.-Luth. Heilig-Kreuz-Kirche

Die Kirche zum heiligen Kreuze ist Pfarrkirche für die 1890 nach Leipzig eingemeindeten ehemals unabhängigen Stadtteile Neustadt und Neuschönefeld. Nach einem Entwurf von Paul Lange wurde sie innerhalb eines Jahres unter freier Verwendung hauptsächlich neoromanischer Formen als roter Verblendziegelbau gebaut. Die spitzen Turmenden allerdings verweisen eher auf gotische Baugepflogenheiten. Der Grundriss ist in traditioneller Weise in Ost-West Richtung orientiert. Die von zwei Seitentürmchen flankierte Westfassade als Eingangsfront ist durch ein romanisches Rundbogenportal und eine stolze Fensterrose repräsentativ gestaltet. Den Abschluss im Osten bildet der ebenfalls durch zwei Seitentürmchen flankierte polygonale Chorraum mit seinen Kapellenanbauten. Besonders geglückt ist die Positionierung des nördlich vorgelagerten 67,5 Meter hohen Hauptturmes, der symmetrisch auf die Mitte der Hedwigstraße ausgerichtet wurde. So bietet sich von der Eisenbahnstraße aus eine reizvolle städtebauliche Sichtachse. Sowohl in ihrem Aufbau als auch in ihrer Gliederung, die von einer starken Differenzierung des Baukörpers geprägt ist, erinnert die Heilig-Kreuz-Kirche trotz geringerer Dimensionen und bescheidenerer Ausschmückung an die Leipziger Peterskirche. Der pfeilerlose Innenraum des Schiffes bietet 1.000 Sitzplätze und wird von einer dunkel gebeizten Holzdecke überspannt, von der sich der gewölbte Chor mit seiner wertvollen liturgischen Ausstattung deutlich abhebt.

Kirche: Ernst-Thälmann-Platz, 04178 Leipzig

Ev.-Luth. Lukaskirche

Auf dem alten Volkmarsdorfer Markt befindet sich die 1893 nach Plänen von Julius Zeißig fertig gestellte neogotische Lukaskirche. Trotz der Monumentalität ihrer Ausdehnung von 46 Meter Länge, 21 Meter Breite und stolzen 71 Meter Turmhöhe besticht die sich mitten auf dem Platz erhebende Kirche durch ihre Schlichtheit, die als angemessene Reaktion auf die bescheidene Wohnbebauung dieses Arbeiterviertels gesehen werden kann. Umso bemerkenswerter fällt dafür der Schmuck der Außenwände auf. Besonders die Tympanonfelder über den Portalen setzen Akzente durch farbige Keramikmalereien, welche über dem Hauptportal die Einladung Jesu an die Mühseligen und Beladenen und über den Seitenportalen die Werke der Barmherzigkeit thematisieren. Die Vorlagen stammen von Prof. Erhard Winterstein von der Leipziger Kunstakademie. Von der originalen Innenausstattung ist leider wenig erhalten. Die Wirkung des Raumes wird vor allem durch hölzerne Emporen, Gestühl und Wandpaneele bestimmt. Das hallenartige Hauptschiff wird von einer freitragenden Holzdecke überspannt, deren Konstruktion an englische Vorbilder erinnert. Der ebenfalls relativ schlichte, dreiseitig geschlossene Chorraum mit Sakristei und Kapellenanbauten, wird durch die farbenprächtige Glasmalerei des Rosettenfensters in der Altarwand mit Darstellungen der vier Evangelisten und des erhöhten Jesus hervorgehoben.

Kirche: Theodor-Neubauer-Straße 16,
04318 Leipzig
Pfarramt: Sellerhäuser Straße 7, 04318 Leipzig

Ev.-Luth. Trinitatiskirche

Das graubraun verputzte, schlichte Gotteshaus ist ein Notbau, der 1950 an Stelle der im Krieg zerstörten Trinitatiskirche errichtet wurde. Auch diese Kirche war bereits ein Interim. Es handelte sich um einen Fachwerkbau, der 1891 nach Plänen des Architekten Paul Lange entstand. 1889 war die Gemeinde Anger-Crottendorf selbständiger Bezirk der Parochie Schönefeld geworden. Die Gottesdienste fanden zunächst in einer Schule statt.

Die »Notkirche Typ B« von 1950 entstand nach dem Entwurf des Heidelberger Architekten Otto Bartning. Sie ist eine von 49 Kirchen, die nach dem Krieg in ganz Deutschland mit typisierten Plänen und Bauteilen gebaut und vom Ökumenischen Rat der Kirchen in Genf gestiftet wurden. Der offene Kirchenraum wird von einem Holzgerüst getragen. Für die Zwischenräume verwendeten die Leipziger Bauleute Ziegelsteine aus der Johanniskirche und der zerstörten Interimskirche. Die Decke wurde mit Holztafeln geschlossen. Auch ein niedriges Seitengebäude und der wuchtige Eckturm sind eine Leipziger Eigenheit. Inzwischen wurden viele Notkirchen aus der Nachkriegszeit durch Neubauten ersetzt, so dass die Kirche in Anger-Crottendorf ein seltenes Denkmal dieser Zeit ist.

Die Orgel ist ein Neubau der Firma Schuster aus dem Jahr 1971. Der Schmerzensmann aus weißem Marmor in der Vorhalle ist Teil eines Epitaphs, das sich wohl ehemals in der Johanniskirche befand.

Kirche: Witzgallstraße 20, 04317 Leipzig

Kath. Kirche St. Laurentius

Von der Straße aus betrachtet wirkt St. Laurentius bescheiden neben dem imposanten Vicentiusstift. Und tatsächlich war die Kirche zunächst nur als Notbau neben dem mehrstöckigen Asyl für arme und verwaiste Kinder geplant. Das zweite katholische Gotteshaus in Leipzig sollte Ende des 19. Jh. ursprünglich als Fachwerkbau entstehen. Schließlich entschloss sich der Vicentiusverein aber doch für massives Mauerwerk. 1893 wurde der neugotische Ziegelsteinbau eingeweiht. Das Gebäude der Architekten Hubert Kratz und Josef Meurer trägt nur ein bescheidenes Glockentürmchen.

1938 wurde die dreischiffige Halle mit Holzdecke innen umfassend renoviert und verändert. Sie erhielt einen Triumphbogen über dem Altarraum. Die Wandbemalung mit Ornamenten und Figuren wurde einheitlich übermalt. Bis heute erhalten sind die beiden Seitenaltäre des Bildhauers Josef Schnitzler, die der Muttergottes und dem Heiligen Laurentius gewidmet sind. Sie entstanden 1908 und 1910. An Stelle eines Hochaltares trat in den 1950er Jahren eine Kreuzigungsgruppe. Die ursprünglichen Buntglasfenster wurden im Krieg zerstört.

Das Vicentiusstift wird heute als Gemeindehaus und Fachschule für Sozialwesen genutzt.

Kapelle: Dresdner Straße 59, 04317 Leipzig

Markuskirche (existiert nicht mehr), ehem. Dresdner Straße 61, Foto Hermann Walter, um 1890

Ev.-Luth. Markuskirche/ Ev.-Luth. Markuskapelle

Als Reudnitz 1880 aus Schönefeld ausgepfarrt wurde, hatte der Ort 25.496 Einwohner. Die kleine, an der Dresdner Straße gelegene Kapelle aus dem Jahre 1615 bot aber lediglich 150 Plätze, weshalb ein größerer Neubau dringend notwendig wurde. Einem 1881 entstandenen Entwurf von Gotthilf Möckel folgend, wurde in Reudnitz zwischen 1882 und 1884 an Stelle der ehemaligen Friedhofskapelle die Markuskirche erbaut. Das neogotische, dreischiffige Gebäude war ein gelber Verblendziegelbau von außerordentlich reicher Durchbildung. Die Kirche bot 1.150 Menschen Platz und beherrschte mit ihrem 68 Meter hohen Turm das Gesamtbild der Dresdner Straße. Die Ernsthaftigkeit der Stilauffassung Möckels war dabei in Bau und Ausstattung bis hin zum hölzernen Schnitzwerk der Bänke sichtbar und die Markuskirche deshalb wahrscheinlich die aufwendigste unter den neogotischen Kirchen Leipzigs. Vom Zweiten Weltkrieg nur teilweise beschädigt gehörte die Markuskirche zeitweilig zu den kirchenmusikalischen Zentren der Stadt und erhielt 1954 eine Orgel der Firma Eule aus Bautzen. 1953 war der Innenraum umfassend erneuert worden. Der detaillierte ornamentale Fassadenschmuck machte die Instandhaltung jedoch äußerst schwierig, weshalb der ungewöhnliche Bau in den 1970er Jahren immer mehr verfiel. Nach ihrer Schließung durch das Landeskirchenamt 1973 wurde die endgültig baufällige Markuskirche im Winter 1978 wegen mangelnder Sanierungs-Kapazitäten gesprengt. Heute erinnern die im Pfarrhaus der Kirchgemeinde befindliche Markuskapelle und die Kapellenstraße in Reudnitz an diese Tatsache. Die noch aus dem Jahre 1664 stammende Glocke aus der ursprünglichen Kapelle läutet heute zum Gottesdienst in der Markuskapelle. Die Eule-Orgel aus dem Jahr 1954 steht heute in der Heilig-Geist-Kirche in Dresden-Blasewitz.

Gemeindehaus: Eichlerstraße 10, 04317 Leipzig
Neue Kirche: Dauthestraße 1a, 04317 Leipzig

*rechts: Erlöserkirche (existiert nicht mehr),
Zillerstraße 10, Fotograf unbekannt, um 1890*

Ev.-Luth. Erlöserkirche Thonberg

Die Erlöserkirchgemeinde in Thonberg errichtet in diesen Tagen den ersten Kirchenneubau Leipzigs nach 1990. Im Mai 2005 wurde der Grundstein gelegt, die Weihe ist für Pfingsten 2006 geplant. Die neue Kirche mit modernen Formen und viel Glas entsteht nach Plänen des Dresdner Architekten Ulf Zimmermann. Der Kirchenraum mit Schiebewänden bietet Platz für 60 bis 120 Besucher. Im Gemeindezentrum werden Gruppenräume, Amtszimmer und Kanzlei untergebracht. Der Glockenturm steht frei neben dem Gebäudekomplex. Derzeit nutzt die Erlösergemeinde das alte Gemeindehaus in der Eichlerstraße und für Gottesdienste einen Saal in den benachbarten Werkstätten der Diakonie. Die ehemalige Erlöserkirche aus dem Jahr 1869 befand sich in dem Karree westlich der Kreuzung Stötteritzer/Riebeckstraße, auf dem heute eine Schule steht. Der glatt verputzte Bau mit einem 45 Meter hohen, schlanken Turm war ein markanter Blickfang am Rand der Stadt. Sechs schlanke Pfeiler trugen innen das neugotische Kreuzgewölbe. Mehrere Entwürfe kamen, nachdem die Gemeinde 1865 selbstständig wurde, zunächst nicht zur Ausführung. Schließlich wurde die Kirche mit rund 1.000 Plätzen nach Plänen des Leipziger Architekten Hugo Altendorff gebaut. Die Orgel schuf Friedrich Ladegast 1873. Am 27. Februar 1945 zerstörte ein Bombenangriff das Kirchenschiff. Später wurden auch der Turm gesprengt und die Trümmer beseitigt.

Kirche: Philipp-
Rosenthal-Straße 51 a,
04103 Leipzig

Russ.-Orth. Kirche des Heiligen Alexi

Neben dem 1913 zum 100. Jahrestag der Völkerschlacht eingeweihten
Völkerschlachtdenkmal ist die Russische St. Alexi-Gedächtniskirche der
zweite Monumentalbau auf dem ehemaligen Schlachtfeld. Die Kirche ist
dem Gedenken an die 22.000 im Kampf gegen Napoleon 1813 bei Leipzig
gefallenen russischen Soldaten gewidmet. Sie stellt einen wichtigen Bau des
russischen Historismus dar. Zugleich ist sie ein seltenes Beispiel einer frei-
en Nachbildung des Typus einer russischen Zeltdachkirche. Dieser wurde
mit der Christi-Himmelfahrtskirche in Moskau-Kolomenskoje 1530–1532
erstmalig verwirklicht. Den Entwurf zu der nach achtmonatiger Bauzeit am
18. 10. 1913 geweihten Kirche lieferte der Petersburger Architekt Wladimir
Alexandrowitsch Pokrowski. Die Ausführung besorgten die Leipziger Architekten Georg Weidenbach und Richard Tschammer. Der Rat der Stadt
stellte das Baugelände zur Verfügung, während der Bau russisch finanziert
wurde.

Das sich auf einem plattformartigen Untergeschoss erhebende eigentliche
Kirchengebäude ist über zwei seitlich des unteren Hauptportals liegende
Treppen zugänglich. Das Hauptportal besteht aus Sandstein und wird
von zwei Kriegergedächtnistafeln gerahmt. Acht Laternenpfeiler mit russischen Doppelkopfadlern begrenzen das Untergeschoss. Die Kirche selbst
ist von einem offenen, zu Prozessionen genutzten Gang umgeben. Über
dem Eingang befindet sich eine »ohne das Werk der Hände gemachte«

Gewölbe des Hauptraumes mit Ikonostas

Mosaikikone des thronenden Christus. Sie steht zwischen zwei vergoldeten Engel-Reliefs, die am sechzehneckigen Turmaufbau wiederkehren. Dieser ist von einer vergoldeten Zwiebelkuppel mit Kreuz bekrönt.

Das Hauptgeschoss teilt sich in eine Vorhalle, über der sich das Glockengeschoss befindet, den Hauptraum und das dreiapsidiale Sanktuarium. Auf dem das Allerheiligste verbergenden Ikonostas sind in der unteren Ebene, neben der zum Altar führenden Königlichen Tür, Ikonen Christi und der jungfräulichen Gottesgebärerin von Smolensk zu sehen. Weiter nach außen gehend finden sich rechts die Darstellung des Heiligen Alexi (Metropolit von Moskau) und links die des wundertätigen Heiligen Nikolaus (hier mit Schwert und Modell der Leipziger Kirche dargestellt). Oberhalb dieser so genannten Verehrungs- oder Lokalreihe befindet sich die schmale Reihe der 12 Festtags- bzw. Monatsikonen (mit von Engeln gerahmtem Abendmahl). Es folgen der Deesis-Rang mit 12 Aposteln und Christus Pantokrator, die Reihe mit Gottesmutter und 12 orthodoxen Heiligen, darüber zwei Prophetenränge und schließlich Maria, Christus und Johannes der Täufer. Der Ikonostas ist laut Inschrift ein Geschenk der Donkosaken. Der Moskauer Maler Luka Martjanowitsch Jemeljanow schuf es nach altrussischen Vorbildern. Im Untergeschoss befinden sich Wohn- und Verwaltungsräume und die 1927 eingerichtete und dem Heiligen Panteleimon geweihte Winterkirche.

Ev.-Luth. Emmauskirche

An der Weggabelung der Wurzner und der Cunnersdorfer Straße erhebt sich in wirkungsvoller Lage die imposante rötlich-gelbe Ziegelfassade der Emmauskirche. Einem Entwurf von Paul Lange folgend, wurde sie in einer sehr interessanten, freien Handhabung neogotischer Stilauffassung zwischen 1898 und 1900 erbaut. Zuvor hatte sich die seit 1892 unabhängige Gemeinde Sellerhausen jahrelang mit einem schlichten Betsaal behelfen müssen. Wie auch bei den anderen Kirchenbauten stellte die Stadt Leipzig den Baugrund kostenlos zur Verfügung und Lange konzipierte als östlichen Zielpunkt der Wurzner Straße einen eklektizistischen Zentralbau. Das kolossale doppeltorige Westportal in neogotischer Formensprache wird im Bogenfeld von einem reizvollen Mosaik bekrönt, welches Jesus mit den beiden Emmausjüngern darstellt. Es entstand nach Entwürfen des Ludwig-Richter-Schülers Viktor Paul Mohn und ist ein interessantes Beispiel spätnazarenischer Kunst. Darüber erhebt sich der 66 Meter hohe neogotische, reich ausgeformte Turm, gleichsam einer der architektonisch markantesten Punkte des Leipziger Nordostens. Oberhalb von Uhr und Blendarchitektur geht der viereckige Grundriss in ein Oktogon über. Dieses wird von einer ungewöhnlichen, überstreckt barock anmutenden gewölbten Haube bekrönt, deren grüne Bedeckung einen bemerkenswerten Farbkontrast zur Fassade darstellt. Der Innenraum ist eine große, mit zentralisierendem Stuck ausgestaltete Halle mit polygonal geschlossenem Chorraum. Trotz notwendiger Umbauten zur Schaffung von Nutzräumen für die Gemeindearbeit ab 1974 ist es gelungen, den Gesamteindruck des Bauwerks weitgehend originalgetreu zu erhalten.

Kirche: Theodor-Heuss-Straße 45,
04328 Leipzig
Pfarramt: Riesaer Straße 31, 04328 Leipzig

Ev.-Luth. Genezarethkirche

Die Genezarethkirche liegt in der alten Ortslage von Paunsdorf. Der 1783 entstandene Bau ist eines der ältesten Gebäude in dem Stadtteil, der in der Gründerzeit umfassend umgestaltet wurde und zu DDR-Zeiten ein großes Neubaugebiet erhielt. 1875 bekam die Kirche einen neoromanisch geprägten Turm mit Spitzhelm, der wegen seiner Schmalbrüstigkeit bald den Spitznamen »Schneidergeselle« trug. Von einem Vorgängerbau aus dem 17. Jh. ist noch der Feldsteinsockel erhalten.

Bekannt ist die Kirche aber vor allem wegen ihres frühklassizistischen Innenraums. Sie ist gewissermaßen das Gesellenstück des Leipziger Stadtbaurates Johann Carl Friedrich Dauthe, der wenige Jahre später die Umgestaltung der Nikolaikirche verantwortete. In Paunsdorf verwirklichte Dauthe zum ersten Mal sein Konzept eines offenen Predigtraums: Der Kirchenraum kommt ohne deutliche Unterteilungen in Chor, Altarraum und Kirchenschiff aus. Stattdessen prägen umlaufende Emporen den Saal. Als zentraler Blickpunkt wirkt der klassizistische Kanzelaltar, dessen Aufbau durch zwei ionische Säulen getragen wird. Aus ihrer Mitte tritt die Kanzel hervor. Eine der beiden Bronzeglocken der Kirche stammt aus dem Jahr 1441 und soll der Überlieferung nach aus der Paulinerkirche 1813 nach Paunsdorf vermittelt worden sein.

Kirche: Arnoldplatz, 04319 Leipzig
Pfarramt: Arnoldplatz 28,
04319 Leipzig

Ev.-Luth. Kirche Sommerfeld

Sommerfeld wurde 1220 erstmals erwähnt. Auf einer Skizze um 1685 erkennt man eine kleine Dorfkirche mit einem Turm im Osten. Die mittelalterliche Kirche wurde 1858 jedoch vom Architekten Ernst Wilhelm Zocher durch ein neugotisches Gebäude ersetzt. Auch heute noch zeigt sich die Kirche in neugotischem Stil, obwohl sie im Zweiten Weltkrieg zerstört und in den 1950er Jahren wieder aufgebaut wurde. Die Fassade besteht aus markanten Bruchsteinen und Sandstein. Ein spitzer Turm im Westen wurde während der letzten Außenrenovierung in den 1990er Jahren in veränderter Form wieder aufgesetzt. Innen wurde die Kirche 2003 renoviert. Die ehemalige Wandbemalung war schon während des Wiederaufbaus in den 1950er Jahren weggefallen. Auch die Emporen wurden nicht wieder eingebaut, so dass der Innenraum heute einen weitläufigen und lichten Eindruck macht. Den neugotischen Altarraum schmückt ein Kruzifix aus dem 16. Jh., das aus dem abgebaggerten Ort Eythra kommt. Ebenfalls erwähnenswert ist die Orgel von Urban Kreutzbach aus dem 19. Jh., die in den 1960er Jahren von Bad Lausick nach Sommerfeld versetzt wurde und in barockem und romantischem Tonbild erklingt. Am Eingang links befindet sich ein Gedenkstein für Christoph Arnold, den bekannten Sommerfelder Bauernastronomen.

Kirche: Kirchweg,
04319 Leipzig
Pfarramt:
Engelsdorfer Straße 310,
04319 Leipzig

Ev.-Luth. Kirche St. Pankratius Engelsdorf

Ein wenig abseits vom Dorfanger liegt die Engelsdorfer Kirche. Sie steht
leicht erhöht auf einem Hügel, mit schönem Blick in das umgebende Land.
Besonders der Friedhof lohnt wegen seiner schönen Anlage einen Besuch.
Auf ihm befinden sich über 200 Kriegsgräber, außerdem die Grabmale be-
kannter Engelsdorfer wie des ehemaligen Bürgermeisters Arthur Winkler.
Die Kirche hat ihren Ursprung um das Jahr 1170. An die Erbauungszeit
erinnert heute noch der Turmstumpf in viereckiger Form. Die mittelalterlichen Fundamente wurden bei Grabungen freigelegt. 1863 setzte man eine
neue, höhere Turmhaube in achteckiger Form auf. Innerhalb des Turmes
wurde in diesem Zusammenhang das Geläut höher gesetzt und ein komplett frei stehender Glockenturm aus Eichengebälk eingebaut. Die drei
Glocken aus dem Jahr 1954 tragen die Inschrift »Seid fröhlich in der Hoffnung, geduldig in Trübsal, haltet an im Gebet« – das Motto des Leipziger
Kirchentages 1953. Im Sommer 2005 wurde das Uhrwerk der abgerissenen
Markuskirche eingebaut, nachdem das alte gestohlen worden war.
Das Kirchenschiff wurde 1832 als klassizistischer Saalbau mit großen
runden Fenstern neu errichtet. Außen ist es mit klassizistischen Pilastern
gegliedert. Die Säulen im Inneren, auf denen eine dreiseitige Empore ruht,
sind mit korinthischen Kapitellen gekrönt.

Kirche:
Engelsdorfer Straße 298,
04319 Leipzig

Kath. Kirche St. Gertrud

Ab etwa 1920 siedelten sich Katholiken in Engelsdorf an. Die Gemeinde wurde zunächst von der Pfarrei St. Laurentius in Reudnitz mitbetreut. Der Reudnitzer Pfarrer mietete einen Raum im späteren Pfarrhaus an der Hauptstraße 20 (heute Engelsdorfer Straße 298) an. 1930 eröffneten die Katholiken dort eine Kapelle, die dem Heiligen Petrus Canisius geweiht war. Ein Jahr später erhielt die Gemeinde Zuwachs: Der Orden der Karmeliterinnen eröffnete ein Kinderheim in der Althener Straße, das ebenfalls eine Hauskapelle besaß. 1937 wurde die Pfarrvikarie St. Gertrud begründet. Der erste Seelsorger Alois Eberle zog in das Kinderheim. 1966 bekamen die Engelsdorfer Katholiken eine Baugenehmigung für eine eigene Kirche an Stelle der Scheune in der Hauptstraße 20, die jedoch ein Jahr später widerrufen wurde. Erst 1984 konnten sie mit dem Bau von St. Gertrud beginnen. 1986 wurde die Kirche eingeweiht. Bis dahin nutzte die Gemeinde die Kapelle im Kinderheim. Der Kirchenbau auf dem rückwärtigen Teil des Grundstücks ist schlicht, der Turm misst 14 Meter. Das Tonrelief der Heiligen Gertrud im Altarraum schuf Gustav Tschech-Löffler. Das Kruzifix stammt von Nicolaus Dyrlich, der Kreuzweg von Josef Krautwald. Ein neues Gemeindezentrum wurde 2001 eingeweiht.

In der Hauskapelle des Altenheims St. Gertrud in der Althener Straße befinden sich Wandmalereien von Reinhard Zimmermann. Das Altenheim selbst zog 1997 in einen Neubau.

Kirche:
Hauptstraße,
04451 Althen
Pfarramt:
Schulstraße 17,
04451 Borsdorf

Ev.-Luth. Kirche Althen

In kräftigem Ocker erstrahlt die Dorfkirche von Althen. Die barocke Farbgebung verschleiert allerdings das wahre Alter der Kirche. Das Gotteshaus stammt aus spätromanischer Zeit, wahrscheinlich aus dem ausgehenden 13. oder beginnenden 14. Jh. Es war eines der ersten Gebäude in Althen, weswegen die Höfe des Straßenangers um die Kirche herum gebaut sind. Anders als bei vielen Dorfkirchen steht der Turm nicht im Westen, sondern auf der Ostseite der Kirche über dem Altarraum. Das deutet darauf hin, dass der Altarraum früher als eine erste Kapelle diente. Hinweise auf die Erbauungszeit geben zudem die romanischen Rundbogenfenster im Turm. 1714 wurde die Kirche barock umgestaltet. Die Apsis, heute noch erkennbar an einem Rundbogen im Altarraum, wurde abgebrochen. Das Kirchenschiff wurde auf den Resten eines älteren Saales, der vermutlich während der Reformation entstand, neu aufgezogen. Aus dem frühen 18. Jh. stammen auch eine silberne Weinkanne und ein Relief vom letzten Abendmahl auf dem Altar. Die Orgel hat Urban Kreutzbach 1855 gebaut. Der klassizistisch geprägte Taufstein in Form einer gekappten Säule stammt aus dem Jahr 1866. Nach 1990 erhielt die Kirche außen einen neuen Putz und Anstrich. 2005 wurden die Kirchenbänke erneuert.

Kirche: Hersvelder Straße 31, 04319 Leipzig
Pfarramt: Engelsdorfer Straße 310,
04319 Leipzig

Ev.-Luth. Kirche Hirschfeld

Die Hirschfelder Kirche ist ein trutziger Bau, der Jahrhunderte lang als Schutzraum diente. Von außen sind die romanischen Formen noch gut zu erkennen. Auch innen hat eine Renovierung in den 1950er Jahren die schlichte und klare Bausprache der Romanik wieder belebt. Der Turm der Kirche stammt noch vom Anfang des 13. Jh. Zudem blieb der romanische Taufstein bis heute erhalten, allerdings wurde er 1955 überarbeitet. Im Chorraum befinden sich die alten Mauernischen, die früher der Aufbewahrung von Kerzen und Büchern dienten.

Der letzte größere Umbau des Kirchenschiffes erfolgte 1721 in einfacher barocker Form. Zu dieser Zeit wurde die mittelalterliche Apsis durch eine Mauer vom Kirchenraum abgetrennt. Davor befand sich ein barocker Kanzelaltar. Diese Teilung wurde 1955 aufgehoben, wodurch die Apsis wieder in den Kirchenraum integriert wurde. Der Leipziger Künstler Alfred Brumme gestaltete zugleich Altar, Kanzel und Lampen in schlichten, klaren Formen. Die Wände wurden weiß gekalkt.

Im Glockenturm befindet sich eine alte Stiege aus dem Jahr 1663. Während der Vorbereitung zur 675-Jahr-Feier von Hirschfeld 2002 wurde dort ein vergessener Zwischenraum entdeckt, der den mittelalterlichen Putz und die Reste einer alten Tür zeigt. In der Kirche befindet sich eine Holzpfeifenorgel aus dem 19. Jh.

Kirche: Dorfstraße,
04463 Kleinpösna
Pfarramt:
Pfarrgasse 3,
04463 Seifertshain

Ev.-Luth. Kirche Kleinpösna

Die Kirche in Kleinpösna wurde 1852 neu gebaut, nachdem die alte Kirche durch die Völkerschlacht stark beschädigt war und abgerissen werden musste. Der Universitätsbaumeister Albert Geutebrück errichtete die dörfliche Kirche mit dem unverputzten Bruchsteinmauerwerk an Stelle eines romanischen Baus, der Ähnlichkeit mit der Hirschfelder Kirche besessen und einen Turm zwischen Altarraum und Schiff getragen hatte. Eine Kapelle wurde in Kleinpösna erstmals im Jahr 1295 erwähnt. Erster evangelischer Pfarrer in der Parochie Seifertshain, zu der auch Kleinpösna gehörte, war 1529 Ägidius Höfer. Während der Reformation wurde das Dorf der Leipziger Universität unterstellt. Vorher gehörte es zum Augustiner-Chorherrenstift St. Thomas.

Die Kirche von 1852 zeigt als eine der ersten in Leipzig neugotische Elemente in Fenstern und Türmchen. Rings um die Kirche in der Mitte des Dorfangers erstreckt sich der Friedhof, der von einer Mauer eingefasst ist. 1892 renovierte der Architekt Paul Lange den Innenraum gründlich. Das älteste erhaltene Inventar ist das Taufbecken aus dem Jahr 1604. Es trägt ein Wappen mit einer Gans oder einem Schwan, das aber bis heute keiner Familie zugeordnet werden konnte.

Kirche: Baalsdorfer Anger, 04316 Leipzig
Pfarramt: Baalsdorfer Anger 10, 04316 Leipzig

Ev.-Luth. Kirche Baalsdorf

Die spätromanische Kirche liegt inmitten des Dorfeangers umgeben vom
Friedhof, dem ehemaligen Schulhaus, dem Pfarrhaus, einem Gasthaus und
alten Dreiseitenhöfen. Der Bau birgt ein besonderes Kleinod. In der Apsis
wurden in den 1950er Jahren Malereien frei gelegt, die beinahe unversehrt
Jahrhunderte überstanden haben. Das Gemälde aus dem frühen 15. Jh. zeigt
in kräftigen Farben eine anrührende Christusdarstellung, umgeben von
Symbolen des christlichen Glaubens. In der Mitte oben sitzt Christus als
Weltenrichter auf einem Regenbogen und ist von einem weiteren umrahmt,
dem Symbol des Bundes zwischen Gott und den Menschen. Aus seinem
Mund kommen ein Schwert als Zeichen des göttlichen Zorns und eine
leider kaum noch zu erkennende Lilie als Hinweis auf die göttliche Gnade.
Links sind Maria und die Apostel Petrus und Paulus zu sehen, rechts ein
sitzender Johannes. Die vier Evangelistensymbole Stier, Adler, Löwe und
Engel runden die Malerei ab. Auch die Details lohnen die nähere Betrach-
tung. So sind noch Spuren der Vorzeichnungen zu erkennen. Petrus erweckt
kurioserweise den Anschein, blind zu sein.
Das Innere der Kirche wurde 1748 barock ausgestaltet. Um die Apsis besser
sichtbar zu machen, wurde später die Kanzel aus dem Altar gesägt. Sie
steht jetzt rechts im Altarraum. Das Kruzifix aus dem Jahr 1500, das Chorgestühl und der Opferkasten wurden 1970 aus dem abgebaggerten Dorf
Cröbern nach Baalsdorf gebracht.

Kirche: Zweinaundorfer Straße/Am Teich,
04316 Leipzig
Pfarramt: Baalsdorfer Anger 10, 04316 Leipzig

Ev.-Luth Kirche Mölkau

Die Kirche gehört zur Anlage rund
um das Zweinaundorfer Rittergut,
die 1934 nach Mölkau eingemeindet wurde. 1588 erwarb der Jurist Marcus
Scipio das Mölker Gut, das heute von einer GmbH betrieben wird und der
Öffentlichkeit zugänglich ist. Sein Sohn ließ 1614 die erste Kirche zwischen
zwei Dörfern bauen, die damals noch Unter- und Obernaundorf hießen.
1709 wurde diese Kirche teilweise abgerissen und bis 1710 neu aufgebaut.
1863 erhielt Friedrich Ladegast den Auftrag, eine neue Orgel für die Kirche
zu bauen. Im Gegensatz zu den ursprünglich 84 Registern der Ladegast-
Orgel in St. Nikolai hatte die »kleine Schwester« in Mölkau aber nur zwölf.
Davon sind nach der letzten Renovierung 2000 nur noch drei erhalten.
Heute ist die Kirche einzigartig durch ihre Prägung im Jugendstil. 1906 wurde sie umfassend renoviert und erweitert, das Kirchenschiff verlängert und
der Westturm neu aufgezogen. Am neuen Turmdach lassen sich seither die
Formen des Jugendstil ablesen und auch das Kirchenportal ist mit schmiede-
eisernen seitlichen Streben und Dach im Jugendstil gehalten. Im Kircheninneren finden sich Lampen und Buntglas-Fenster aus dieser Epoche.
Der Altar und die Kanzel stammen ebenfalls aus dem Jahr 1906. Im Zuge
des Umbaus wurden die seitlichen Emporen abgebrochen und das Decken-
gewölbe wieder freigelegt.

Kirche: Hauptstraße,
04288 Holzhausen
Pfarramt:
Händelstraße 2a, 04288
Holzhausen

Ev.-Luth. Kirche Holzhausen

Die Entstehung Holzhausens wird etwa auf das Jahr 1150 datiert. Wohl zu dieser Zeit entstand auch eine Kirche, die allerdings während der Völkerschlacht 1813 bis auf die Grundmauern ausbrannte. An gleicher Stelle wurde daraufhin in nur fünf Jahren eine neue Kirche gebaut. Dabei verzichteten die im Krieg verarmten Holzhausener zunächst auf einen Turm. Der wurde erst 1857 eingeweiht, nachdem die Kirche bei den Nachbarn zum Spottobjekt geworden war. Die Orgel errichtete der Delitzscher Orgelbauer Lochmann nach der Völkerschlacht.

Der Kirchenraum wurde klassizistisch ausgestaltet und erinnert ein wenig an die Nikolaikirche. Er ist ebenfalls in den gefälligen Farben Weiß, Rosé, Apfelgrün und Gold gehalten. Unter anderem wegen des starken Verkehrs um die Kirche herum zeigten sich große Risse im Mauerwerk und ein Teil der Decke fiel ab. Deshalb geht die Renovierung des Kirchenraumes bis zur Sanierung der Straße nur noch schrittweise voran. Mit einer einzigen privaten Spende von 12.000 Euro wurde 2004 der klassizistische Holzaltar restauriert. Der Torbogen vor der Kirche, das letzte Relikt des alten Ensembles mit Friedhof und Kirchschule, stürzte kurz nach Weihnachten 2004 während eines Sturmes ein. Er wurde 2005 originalgetreu wieder aufgebaut.

Kirche: Zuckelhausener
Ring, 04288 Holzhausen
Pfarramt:
Händelstraße 2a,
04288 Holzhausen

Ev.-Luth. Kirche Zuckelhausen

Zuckelhausen wurde wahrscheinlich Mitte des 12. Jh. in Form eines slawischen Rundangers angelegt. Noch heute bilden die stattlichen Dreiseitenhöfe rund um den Teich ein sehenswertes Ensemble. Die Kirche auf einer Anhöhe direkt daneben überragt den Anger majestätisch. Im Altarraum sind romanische Bauelemente wie der Rundbogen und mittelalterliche Malereien erhalten. Sie lassen auf die Entstehung in der ersten Hälfte des 13. Jh. schließen. Während der Völkerschlacht hat die Kirche den größten Teil ihres mittelalterlichen Inventars verloren. Während der folgenden Umbauarbeiten wurden die Seiteneingänge geschlossen, die Apsis im Altarraum abgetragen und die Kirche mit umlaufenden Emporen und einer Kassettendecke weitgehend klassizistisch eingerichtet. Die Orgel stammt in ihren ältesten Teilen aus dem Jahr 1784. 1822 wurden fehlende Teile vom Leipziger Universitätsorgelbauer Johann Gottlob Mende wiederhergestellt.
Nachdem sich 2002 zwei schwere Steinplatten vom Turm gelöst und das Dach durchschlagen hatten, wurden sowohl Turm als auch Dach 2004 umfassend renoviert. Das Fachwerk des Turmes wurde bis auf wenige Teile neu aufgezogen und ein Glockenstuhl eingebaut. Im Sommer 2005 weihte die Gemeinde zudem eine neue Bronzeglocke ein. Jahrelang hatten zuvor die Glocken in Zuckelhausen geschwiegen. Der Turm, der keinen eigenen Glockenstuhl besaß, geriet bei jedem Läuten in Schwingung.

Kirche:
Kirchstraße 1,
04288 Leipzig
Pfarramt:
Kirchstraße 3,
04288 Leipzig

Ev.-Luth. Kirche Liebertwolkwitz

Die Ursprünge der Liebertwolkwitzer Kirche liegen im Dunkeln. Die erste dokumentierte Jahreszahl ist 1572, als Kirche, Pfarrhaus und Schule durch einen Brand zerstört wurden. Drei Jahre später war das Gotteshaus mit einem breiten Westturm wieder aufgebaut. Das älteste Inventar der Kirche, das Taufbecken im Eingangsbereich, stammt aus dieser Zeit. Es trägt die Inschrift: »Wer da glaubt und getauft wird, der wird selig werden.«
Umfangreiche Umbauten haben die Gestalt der Kirche seither immer wieder verändert. 1702 bekam der viereckige romanische Turmsockel einen anmutigen, barocken Abschluss. Innerhalb von zehn Tagen zogen Zimmerleute die Holzkonstruktion auf. Der vergoldete Turmknopf aus dieser Zeit wurde 2002 erneuert als der Turm und die Außenhülle der Kirche grundlegend saniert wurden. 1783 wurde eine Altarkanzel eingebaut. Bänke und Treppen, Geländer und Holzverkleidungen wurden während der Völkerschlacht durch die Soldaten als Brenn- und Baustoff verwendet.
In der zweiten Hälfte des 19. Jh. wurde ein neuer Haupteingang in die Westseite der Kirche gebrochen. Ebenfalls noch im 19. Jh. (1875) wurde die größte Glocke der Kirche gegossen, die 1.600 Kilogramm wiegt. Die beiden anderen Glocken stammen aus dem Jahr 1924. Die Orgel der Kirche aus dem Jahr 1890 stammt von Gottfried Hildebrand. Sie wurde 1994/95 restauriert.

Kirche: Russenstraße 58, 04289 Leipzig
Pfarramt: Russenstraße 7, 04289 Leipzig

Ev.-Luth. Immanuelkirche

In ländlicher Umgebung, inmitten eines Dorfangers auf dem Gelände des ehemaligen Friedhofs liegt die Pfarrkirche für Prostheida. Sie wurde zur Zeit des Markgrafen Dietrich von Meißen auf Veranlassung des Bischofs Thietmar von Merseburg um 1213 gegründet. Seitdem eigenständige Pfarrei, wurde Probstheida 1910 nach Leipzig eingemeindet. 1813 brannte die Kirche vollständig aus, da sie unweit des Schlachtfeldes der Leipziger Völkerschlacht lag. Am 8.5.1818 wurde die von Maurermeister Thenau und Zimmermeister Hörnig wiedererrichtete Kirche eingeweiht.

Das aus einem klassizistischen Rechtecksaal mit leicht eingezogenem rechteckigen Chor bestehende Kirchengebäude erfuhr starke Eingriffe beim Umbau 1927 durch den Architekten Georg Staufert. Er ließ im Osten eine als Sakristei dienende Apsis anfügen, seitlich des Turmes erfolgte der Anbau von zwei Emporentreppenhäusern. Der Kanzelaltar in seiner gegenwärtigen Form besteht ebenfalls erst seit 1927. Die in gleicher Zeit eingebaute zweimanualige Orgel (14 Register) lieferte Alfred Schmeisser, er übernahm dabei einiges Pfeifenwerk der Vorgängerorgel von Johann Gottlob Mende (1825). Die Orgel ist gegenwärtig nicht spielbar.

Kirche:
Lochmannstraße 1,
04299 Leipzig
Pfarramt:
Dorstigstraße 5,
04299 Leipzig

Ev.-Luth. Marienkirche

Für viele Stötteritzer ist sie der Mittelpunkt des ansonsten weit gestreuten Stadtteils: die Marienkirche. Nach Westen und Süden sind die umgebenden Straßen mit Gründerzeit- und Jugendstilhäusern bebaut. An der Südostecke des begrünten Platzes befindet sich das Pfarrhaus aus dem Jahr 1890. Nördlich des Kirchplatzes liegt der ehemalige Gutshof mit einem barocken Herrenhaus. Kirche und Gut bilden den Rest der ehemals ländlichen Anlage, die heute großstädtisch geprägt ist.

Die Dorfkirche von Stötteritz gehörte ursprünglich zur Kirchgemeinde Baalsdorf. 1887 wurde die Kirchgemeinde selbstständig. Über eine Vorgängerkirche ist nur wenig bekannt. 1702 bis 1703 ließ der Gutsherr Engelbert von der Burg eine neue Kirche im barocken Stil bauen, die er 1712 mit einem Turm im Westen erweiterte.

Ebenfalls zur Erbauungszeit der Kirche entstand der prächtige Kanzelaltar, den wahrscheinlich der Leipziger Ratstischlermeister Johann Christian Senckeisen ausführte. Besonders zu beachten ist das Gemälde in der Mitte des Altars. Das Triptychon ist weder datiert noch signiert. Man vermutet jedoch, dass ein Nürnberger Meister das Werk um 1480 schuf. Es gilt als die bedeutendste spätgotische Tafelmalerei in einer Leipziger Kirche. Auf der Mitteltafel ist die Kreuzigung Christi zu sehen, links das Gebet am Ölberg und rechts die Auferstehung. Erst im Jahr 1906 erhielt der Bau den Namen Marienkirche.

Kirche:
Lerchenrain 1,
04277 Leipzig

Ev.-Luth. Kirche Marienbrunn

Im Mittelalter muss auf dem Gebiet des heutigen Marienbrunn die Kapelle zum Heiligen Kreuz gelegen haben. Dieser vorreformatorische Wallfahrtsort wurde 1556 abgebrochen. Mit dem Namen Marienbrunn selbst ist eine Legende aus dem 15. Jh. verbunden: Am Johannistag 1441 soll Maria, eine aus dem Heiligen Land heimgekehrte Pilgerin, die Leprosen des Johannishospitals zu einem Heil spendenden Quell geführt haben. Er war auf das Gebet der jungen Frau hin entsprungen. Danach entschwand sie auf dem Rücken eines zahmen Rehs.

In jedem Fall ließ im 15. und 16. Jh. der Rat der Stadt das frische, klare Wasser des Marienborns in einer so genannten »Röhrenfahrt« in die Stadt leiten. Im Rahmen der Internationalen Baufachausstellung 1913 entstand unter Leitung von Stadtbaudirektor Strobel die Gartenstadt Marienbrunn. Im Gegensatz zur drei Jahre zuvor bei Dresden entstandenen Gartenstadt Hellerau war sie als reine Wohnsiedlung ohne gesellschaftliche Bauten konzipiert. Dem Stil der Gartenstadt entsprechend entstand 1928 ein zweigeschossiges Gemeindehaus mit angebautem Kirchsaal. Der schlichte Saal mündet auf der Ostseite in eine halbrunde, von zwei Sakristeien umgebene Apsis. Über dem erhöhten Altar befindet sich ein Farbglasfenster mit einer Christophorus-Darstellung.

Kirche:
Paul-Gruner-Straße 26,
04107 Leipzig

Ev.-Method. Kreuzkirche

In der Südvorstadt, unweit der neuen Peterskirche, liegt die turmlose methodistische Kreuzkirche. 1920 erwarb die Bischöfliche Methodistenkirche
(Zwickauer Bezirk der Bischöflichen Methodistenkirche im Königreich
Sachsen) das zwischen mehrstöckigen Mietshäusern der 60er und 70er Jahre des 19. Jh. liegende Grundstück des Verlegers Julius Meißner. Neben der
prachtvollen Villa des Verlegers, von dem nur noch Teile des Kellergeschosses
erhalten sind, wurde die damals als Kapelle bezeichnete Kreuzkirche nach
Plänen des Leipziger Architekten Richard Wagner erbaut. Der Saal mit einer
Apsis an der nördlichen Schmalseite schließt sich an den Leipziger Klassizis-
mus des frühen 19. Jh. an, was durch die Sprosseneinteilung der ursprünglich
vorhandenen Fenster unterstrichen wurde. Nach schweren Zerstörungen im
Zweiten Weltkrieg wurde die abgebrannte Kirche 1949/50 nach Zeichnungen
des Leipziger Baumeisters Karl Petermann wiederaufgebaut. Dabei wurde auf
die ursprünglich vorhandenen Seitenemporen verzichtet. In der vormals fen-
sterlosen Apsis befinden sich heute zwei Rundbogenfenster mit Glasgemälden
nach Entwürfen von Paula Jordan (»Einsetzung des Abendmahls« und »Jesus
segnet die Kinder«). Hier befand sich zuvor das raumbeherrschende Wandgemälde »Der Auferstandene über der Weltkugel schwebend«, das ebenfalls
verloren ging. Die beiden Fenster seitlich der Apsis waren mit Glasgemälden
biblischer Symbolik geschmückt.

Eine weitere methodistische Gemeinde nutzt die nach Plänen von Georg
Staufert gebaute Bethesdakirche (Gohlis, Blumenstraße 74).

Kirche: Kurt-Eisner-Straße 22, 04275 Leipzig

*Modell des Gebäudekomplexes der
Bethlehemkirche (1916) nach Th. Kösser*

Ev.-Luth. Bethlehemkirche

Von dem rasanten Bevölkerungswachstum zu Beginn des 20. Jh. war besonders die Leipziger Südvorstadt betroffen. Gehörten der aus der Petersgemeinde hervorgegangenen Andreasgemeinde 1890 etwa 10.000 Seelen an, so hatte sich deren Anzahl 20 Jahre später bereits verdoppelt.

Im Dezember 1911 (daher der Name der Gemeinde) wurde schließlich durch Teilung der Andreasgemeinde die Bethlehemgemeinde gegründet und Baurat Theodor Kösser mit dem Entwurf eines Kirchenneubaues beauftragt. Kösser hatte sich bereits als Mitarbeiter von Arwed Roßbach einen Namen gemacht und avancierte spätestens mit dem Entwurf der 1912–1914 gebauten Mädlerpassage zu einem der meist geschätzten Architekten Leipzigs. Er entwarf ein Gemeindezentrum, das Züge der Neurenaissance und des Neubarock trug und somit den 1910 für die Philippusgemeinde vollendeten Bauten ähnelte. Trotz der gesicherten Finanzierung zögerte sich der Baubeginn wegen Grundstücksstreitigkeiten und Anwohnerklagen bis zum Ersten Weltkrieg hinaus, durch den das gesamte Projekt vorerst vollends zum Erliegen kam. Die Gemeinde blieb weiterhin heimatlos. Schließlich wurde 1927 als Teil des Gesamtkonzeptes ein Gemeindezentrum mit angeschlossenem Saal, also ohne die geplante Kirche, eingeweiht. Es war ein Gebäude für die Arbeit der in der Gemeinde zahlreich vorhandenen Vereine gedacht.

Im holzgetäfelten Kirchsaal haben sich von der alten Ausstattung an der Rückseite Glasgemäldefenster des Glasmalers Josef Stockinger erhalten. Der Glockenturm wurde 1953 errichtet.

Kirche: ehemals Karl-Liebknecht-Straße 111
Gemeindehaus: Scharnhorststraße 29–31
Pfarramt: Scharnhorststraße 21, 04275 Leipzig

links: Andreaskirche (existiert nicht mehr), Licht-
druck von H. Gustav Brinckmann, um 1900

Ev.-Luth. Andreaskirche (Gemeindehaus)

Das Kirchengebäude der Andreasgemeinde erhob sich am östlichen Ende
des Alexis-Schumann-Platzes (benannt nach dem ersten Pfarrer der Gemeinde). Das starke Anwachsen der Bevölkerung in der Leipziger Südvorstadt führte 1890 zur Gründung der Andreasgemeinde in Abtrennung von
der Petersgemeinde. Erste Gottesdienste wurden in der benachbarten 8. Be-
zirksschule, später in der vom Kirchenbauverein erbauten Notkirche gehalten. Aus zwei Ausschreibungen ging jeweils Georg Weidenbach als Sieger
hervor. Seinen Plänen zufolge wurde der neugotische Kirchenbau über dem
Grundriss eines gedrungenen lateinischen Kreuzes errichtet. Nach zweijähriger Bauzeit fand am 1. Advent 1893 die Weihe statt. Die Kirche mit etwa
1.100 Plätzen war ein Ziegelbau »in edlem frühgotischem Stil« mit roten
Siegersdorfer Verblendern und Podelwitzer Sandstein für die Schmuckteile.
Das Schwergewicht des Baues lag auf dem im Grundriss querrechteckigen,
von zwei Treppentürmen flankierten Turm auf der Westseite.
Nach schweren Zerstörungen während des Zweiten Weltkrieges wurde das
Turmgeschoss 1955 provisorisch wiederhergerichtet, die gesamte Ruine
dann aber im September 1958 doch gesprengt. Bereits 1937 war auf dem
Gelände der Scharnhorststraße 29–31 ein Gemeindehaus errichtet worden,
dessen Saal Lieselotte Hering 1949 zum Sakralraum umgestaltete. Dieser
dient der Gemeinde seit der Zerstörung der Kirche als Gottesdienstraum.

Kirche: Selneckerstraße 5
Pfarramt: Selneckerstraße 7, 04277 Leipzig

Ev.-Luth.
Paul-Gerhardt-Kirche

Das Dorf Connewitz gehörte seit 1277 durch den Aufkauf des Rittergu-
tes dem Thomaskloster und ging nach der Reformation an den Rat der
Stadt über. 1770 erhielt der Ort eine eigene Kirche, die an der heutigen
Prinz-Eugen-Straße lag. Von der spätbarocken Saalkirche hat sich im
Stadtgeschichtlichen Museum der Kanzelaltar erhalten. Die bis dahin in
Probstheida eingepfarrte Gemeinde wurde aber erst 1875 selbstständig, das
Dorf 1891 nach Leipzig eingemeindet. Starkes Bevölkerungswachstum und
bürgerliches Engagement führten zum Bau des am 1.4.1900 geweihten
Gotteshauses auf dem ehemaligen Friedhofsgelände. Der Entwurf für die
vierachsige Saalkirche mit eingezogenem quadratischem Chor stammt von
Julius Zeißig (Leipzig). Der verputzte Ziegelsteinbau mit Werksteingliedern
in Rochlitzer Porphyr orientiert sich an Architekturformen der deutschen
Renaissance.

Der von Seitenemporen umzogene stützenlose Saal wird von einer hölzernen Stichkappentonne überwölbt, deren Bemalung auf Paul Edlich
zurückgeht und sich als einzige von der gesamten Raumbemalung erhalten
hat. Altar, Kanzel und Lesepult sind Arbeiten aus Eichen- bzw. Lindenholz
des Leipzigers Heinrich Behr in byzantinisierender Formensprache. Ein
besonders kostbares Stück ist das bereits 1893 auf der Weltausstellung in
Chicago gezeigte Abendmahlsrelief, das über der Mensa angebracht ist. In
die Turmnische auf der Westempore baute die Potsdamer Firma Schuke
1973 eine zweimanualige Orgel (28 Register).

Kirche: Biedermannstraße 86
Pfarramt: Prinz-Eugen-Straße 21, 04277 Leipzig

Kath. Pfarrkirche St. Bonifatius

Als erster Zusammenschluss von Katholiken im Süden Leipzigs wurde
1903 die Hubertus-Konferenz gegründet. Ihr Ziel war die Organisation
einer selbständigen katholischen Gemeinde. Eine erste Messe fand 1923
in einem Connewitzer Lichtspieltheater statt. Auf Beschluss des Verbandes
Katholischer Kaufmännischer Vereinigungen Deutschlands (KKV) wurde
ein Wettbewerb unter katholischen Architekten ausgeschrieben. Es ging
ihm um den Bau einer Kaufmanns-Gedächtniskirche zu Ehren der im
Ersten Weltkrieg gefallenen katholischen Kaufleute. Unter zahlreichen
Entwürfen, darunter mehreren Longitudinalbauten mit seitlich gestellten
Türmen im Sinne der neuen Sachlichkeit, setzte sich 1928 der Entwurf
eines Zentralbaus von Theo Burlage durch.
Der am 18.1.1930 geweihte Rundbau mit Seitenturm ist ein bemerkenswertes Beispiel moderner Architektur dieser Zeit und charakteristischer
Vertreter einer »romantischen« Richtung der neuen Baukunst. Es finden
sich Anklänge an das Grabmahl Theoderichs in Ravenna. Die Symbolik
seines als »Zwei Opfer« bezeichneten Entwurfes erläuterte Burlage fol-

gendermaßen: Neben dem Opfertod Christi auf dem Hochaltar werde im Turm »in christlicher Weise der Gefallenen gedacht«. Das hohe, bunte Gefallenenfenster im Kirchturm (im Zweiten Weltkrieg zerstört) leite die Blicke verklärend-versöhnlich himmelwärts. Das den Heiligen Bonifatius darstellende Rundfenster auf der Eingangsseite nach einem Entwurf von Theo M. Landmann ist das einzig erhaltene der Farbfenster. Ebenso gingen die ursprüngliche Farbgebung des Raumes (blaue Wände, goldene Kuppel) und somit auch die intendierte Stimmung verloren. 1979 wurde das Rundfenster der Altarwand mit einer neuen Farbverglasung von Medardus Höbelt ausgestattet.

Sowohl Tauf- als auch Gedächtniskapelle sind durch Klinkerstützen vom Hauptraum abgetrennt. Jene zur Taufkapelle tragen auf dem abschließenden Gebälk Evangelistenfiguren mit ihren Symbolen aus Terrakotta. An den Stützen zum Gedächtnisturm sind in drei Etagen ebenfalls Terrakottafiguren aufgestellt: auf der unteren Ebene Opfervorbilder (Abel, Abraham, Mose, Melchisedeck), auf der mittleren Märtyrer (Mauritius, Georg, Victor, Sebastian) und schließlich auf der oberen Ebene moderne Heilige (P. Canisius, A. Magnus, Franziskus, Homobonus). Eine Bonifatiusstatue schmückt heute die Eingangshalle. Sie war ursprünglich ein Teil des Bonifatius-Altars und ist von einem Baumstumpf mit Axt umgeben (ein Hinweis auf das Fällen der Donarseiche). Schöpfer der expressiven Figurenplastiken waren Albert Burges und Wolfdietrich Stein (Frankfurt/Main).

Die Kirche und das 1931 vom Architekten Paul Fischer erbaute benachbarte St.-Elisabeth-Krankenhaus sind räumlich aufeinander bezogen und bilden ein bemerkenswertes architektonisches Ensemble.

Kirche: Raschwitzer Straße 10
Pfarramt: Selneckerstraße 7, 04277 Leipzig

Ev.-Luth. Gethsemanekirche

Erste urkundliche Erwähnung findet die sorbische Siedlung Lesnic 1040. Zu dieser Zeit war Lößnig wahrscheinlich Burgwardbezirk. Die im Mittelalter erbaute Dorfkirche wurde 1876 zu Gunsten eines Neubaus an gleicher Stelle abgebrochen. Unter der Leitung des Leipziger Architekten Hugo Altendorff baute man einen flachgedeckten Rechtecksaal von fünf Achsen mit eingezogenem Chor. Am 28.10.1877 konnte die schlichte neuromanische Kirche geweiht werden. Von der alten Kirche erhalten geblieben sind zwei Glocken, die große Glocke von 1495 und die mittlere von 1526. Auch die alte Wetterfahne von 1606 existiert noch. Sie wurde restauriert und befindet sich seit 1987 über dem Giebel des Haupteinganges. Auf ihr ist ein Mädchen mit Blasebalg dargestellt, das an die Familie Blaasbalgk erinnert. Diese besaß bis ins 18. Jh. das nördlich der Kirche gelegene Rittergut und übte damit auch das Patronatsrecht aus. Im Inneren findet sich auf der Empore ein Gemälde von Christian Simon aus dem Jahr 1667, das die Geißelung Christi darstellt. Eine Inschrift auf dem Rahmen weist das Bild als Votivgabe des Künstlers an die Kirche aus. Von der Ausmahlung Paul Edlichs an den Stirnwänden des Schiffes hat sich leider nichts erhalten. 1977 wurde die Kirche neu ausgemalt. In diesem Zusammenhang fand ein Kruzifix hier seinen Platz, das vom Altaraufsatz der 1978 abgebrochenen Markuskirche stammt.

Kirche: Markkleeberger
Straße 23, 04279 Leipzig
Pfarramt:
Ev.-Luth. Auengemeinde,
Kirchstraße 36,
04416 Markkleeberg

Ev.-Luth. Johanniskirche

Am Rande der aus Ein- und Zweifamilienhäusern bestehenden Siedlung
Johannishöhe liegt die von Georg Staufert entworfene Johanniskirche.
Das Grundstück gehörte ehemals zum Park des Stiftsgutes. Beim Bau der
Saalkirche mit Chor und halbrunder Apsis wurden Baumaterialien der
Notkirche verwendet, die an unterschiedlichen Standorten der Andreas-,
der Michaelis- und zuletzt der Bethaniengemeinde gedient hatten. Der
elf Meter hohe Turm ist mit dem Langhaus verbunden und von Anbauten
für Gemeinderäume flankiert. Dank der Bemühungen von Pfarrer Johannes
Römer aus Probstheida konnte 1933 mit dem Bau des Gotteshauses begon-
nen werden, die Weihe fand am 11.3.1934 statt. Bis zu diesem Zeitpunkt
war Dösen in Probstheida eingepfarrt, bis 1979 gehörte die Gemeinde zu
Lößnig-Dölitz und kam Anfang 1980 mit einem Teil von Dölitz zur Kirchengemeinde von Markkleeberg.
An der rechten Seite der westlichen Stirnwand befindet sich hinter einem
in sparsamen Neurenaissanceformen gestalteten Prospekt eine Orgel der
Rochlitzer Firma W.E. Schmeisser & Sohn mit 8 Registern (Manual und
Pedal).

Kirche: Rehbacher Anger, 04249 Leipzig
Pfarramt: Seumestraße 129,
04249 Leipzig

Ev.-Luth. Kirche Rehbach

Die Rehbacher Kirche wird nur noch selten für Gottesdienste genutzt, da sie keine Heizung besitzt und der Kanzelaltar baufällig ist. Seit Jahren versucht die Gemeinde, ihre Restaurierung über den Status einer Autobahnkirche an der neuen A 38 voranzutreiben. Doch bisher hat das sächsische Autobahnamt keine Entscheidung gefällt.

Dennoch ist die Dorfkirche einen Besuch wert. Der strahlend weiße Turm wurde 1705 nicht unerheblich erhöht. Von außen wurden Mauerwerk, barocker Turm und Dach bis zum 300. Weihejubiläum im Jahr 2005 restauriert. Innen bezaubert der Bau durch die durchgängig barocke Ausstattung. Der Portikus-Kanzelaltar stammt aus der ersten Hälfte des 18. Jh. In den beiden Nischen rechts und links stehen Figuren von Moses und Johannes dem Täufer aus Lindenholz, die den alten und neuen Bund verkörpern. Moses hält die Gesetzestafeln, Johannes weist auf Jesus Christus hin, der in einer Deckenmalerei dargestellt ist. Bemerkenswert ist das Weihnachtsfenster rechts neben dem Altar aus dem Jahr 1906, das vom ehemaligen Patronatsherren, dem Grafen von Hohenthal und Bergen gestiftet wurde. Es zeigt die Heilige Familie im Stall, umrahmt von Hirten, die direkt vom Feld in die Kirche zu kommen scheinen.

Kirche: Rundkapellenweg, 04249 Leipzig
Pfarramt: Seumestraße 129, 4249 Leipzig

Ev.-Luth. Andreaskapelle Knautnaundorf

Die Bauformen und Spiritualität des Hochmittelalters lassen sind besonders gut in der Knaut- naundorfer Andreaskapelle nach- empfinden. Dort wurde einer der ältesten Kirchenbauten in Sachsen nach intensiven Recherchen rekon- struiert. Die ursprüngliche Rund-

kapelle stammte aus der Zeit noch vor 1100 und wurde wie ihre Schwester- kirche in der Groitzscher Wiprechtsburg von Wiprecht II. gebaut. Bereits Cornelius Gurlitt fiel die Ähnlichkeit der beiden Kapellen aus der Zeit Wiprechts auf, als er die Denkmäler Sachsens Ende des 19. Jh. inventari- sierte. Umfangreiche Untersuchungen stellte dann der Archäologe Herbert Küas in den 1960er Jahren an. Durch seine Ausgrabungen und Vergleiche mit anderen etwa gleichalten Bauten in Sachsen-Anhalt und Böhmen gelang es ihm, den Grundriss der Kapelle mit einer eigentümlichen Apsis zu rekon- struieren. Allerdings war die Apsis gegen Ende des 15. Jh. abgetragen wor- den, um Platz für einen Saalanbau mit einfachem, polygonal geschlossenem Chor zu schaffen. Die Fenster des Anbaus wurden im Barock noch einmal vergrößert und die ursprüngliche Rundkapelle erhielt einen Turmaufsatz.
Erst nachdem 1972 ein Blitzschlag den Kirchturm getroffen hatte, fiel die Entscheidung, die mittelalterliche Rundkapelle mit ihrer Apsis zu rekonstru- ieren. Unter der Leitung von Kirchenbaurat Gerhart Pasch wurde nun der Chorraum vom Saal abgetrennt und die ursprüngliche Kapelle wieder errich- tet. In dem schlicht weiß gekalkten Innenraum der Kapelle richtet sich nun die gesammelte Aufmerksamkeit auf die rekonstruierte Apsis mit dem Altar unter dem Triumphbogen und einem kleinen, historischen Fensternachbau.

Kirche: Seumestraße 131,
04249 Knauthain
Pfarramt:
Seumestraße 129,
04249 Leipzig

Ev.-Luth. Hoffnungskirche Knauthain

Bis in die 1950er Jahre standen von der Kirche in Knauthain nur noch die Grundmauern. Dann erst wurde der achteckige Bau aus dem Jahr 1846, der im Zweiten Weltkrieg völlig ausgebrannt war, wieder aufgebaut. An die Stelle des klassizistischen Innenraums rückten moderne Formen, die später durch zeitgenössische Messinginstallationen des Künstlers Matthias Klemm unterstrichen wurden. Eine stellt die Kreuzigung dar, die andere eine abstrahierte Verbindung zwischen Erde und Himmel. Die Bänke sind rund angeordnet. Der Turm wurde verkürzt erst 1971 wieder aufgebaut.

Die Hoffnungskirche liegt auf einer kleinen Erhebung, relativ weit entfernt vom Knauthainer Schloss. Vermutlich wurde sie am Rande eines heute nicht mehr erkennbaren Rundlings errichtet. Das Portal der romanischen Vorgängerkirche ist erhalten und kann auf der Nordseite der Kirche besichtigt werden. Es stammt vermutlich aus den Jahren 1170 bis 1180.

1845 bis 1846 entstand dann nach dem Plänen des Leipziger Architekten Ernst Wilhelm Zocher das achteckige Gotteshaus, das auch der Nachkriegs-Kirche als Vorbild diente. Zocher bediente sich dabei der Maße und Formen der ebenfalls oktogonalen Kirche von Lichtenberg bei Pulsnitz, die als ideale Predigtkirche angesehen wurde.

Kirche: Dieskau-/Huttenstraße,
04249 Leipzig
Pfarramt: Huttenstraße 14,
04249 Leipzig

Ev.-Luth. Apostelkirche

Bereits am 18. 8. 1217 wurde die dem fränkisch-thüringischen Kunstkreis
entstammende romanische Chorturmkirche durch den Propst des Tho-
masklosters zu Leipzig geweiht. Die wechselvolle Baugeschichte erklärt das
gegenwärtige Erscheinungsbild des Gotteshauses. Von dem romanischen
Bau hat sich lediglich der Turmchor erhalten, an den sich östlich an Stelle
der romanischen Apsis das spätgotische Chorhaupt anschließt, welches auf
1516 datiert ist.

Die Apostelkirche zeichnet sich unter den mittelalterlichen Dorfkirchen des
Leipziger Stadtgebietes durch ihre prächtige Barockausstattung aus, zu der
Kanzel, Altar und Patronatsloge gehören. Sie zählt zu den am besten erhaltenen Zeugnissen nachreformatorischer Kirchenarchitektur und Liturgie in
Leipzig. Alle drei Ausstattungsstücke werden der Werkstatt des Leipziger Ba-
rockbildhauers Johann Caspar Sandtmann zugeschrieben und kamen 1696
als Stiftung des Patronatsherren Johann Christoph von Ponickau in die
Kirche. An der zweigeschossigen Schauwand der Patronatsloge ist zwischen
in Stuck ausgeführten Akanthusranken das von zwei Putten gehaltene Alli-
ance-Wappen der Ponickau und Wetzel von Marsilien zu sehen. Das hölzerne Altarretabel enthält im Hauptgeschoss das Flachrelief einer Abendmahls-
darstellung, im Obergeschoss ein Relief mit der Auferstehung Christi.

1713/14 wurde das Langhaus nach Westen verlängert, barock umgestaltet
und erhöht, was die Aufnahme einer zweiten Empore ermöglichte. Diese

wurde während des durchgreifenden Umbaus durch den Architekten Julius Zeißig 1904-1908, der besonders an die barocken Elemente anknüpfte, wieder entfernt. Dabei wurde außerdem der Turm um etwa 6 Meter erhöht, die Westfront mit einer repräsentativen neubarocken Fassade verkleidet und ein Deckengemälde mit Christi Himmelfahrt von Otto Möller angebracht. Durch die Freilegung der Originalbemalung im Chorgewölbe während der Restaurierungsarbeiten von 1963-1969, welche die spätgotischen Architekturelemente wieder zur Geltung brachte, erhielt die Kirche ihren einzigartigen Charakter.

Ev.-Luth. Taborkirche

Weithin sichtbar erhebt sich die dreischiffige doppeltürmige Basilika über das Umland. Die vormalige mittelalterliche Chorturmkirche und das Rittergut bildeten den Mittelpunkt des Dorfes Kleinzschocher. Nachdem es sich im 19. Jh. zu einem vorwiegend von Arbeitern bewohnten Vorort entwickelt hatte, wurde es 1891 nach Leipzig eingemeindet. Bereits seit 1844 gab es Bestrebungen, eine größere Kirche zu bauen. Sie erhielten aber erst 1890 durch eine Stiftung der Patronatsherrschaft neuen Anstoß. In zweijähriger Bauzeit wurde nach Plänen des Leipziger Architekten Arwed Roßbach bis zur Weihe am 13.3.1904 der verputzte neuromanische Ziegelbau geschaffen. Die Kirche verfügt über Sandsteingliederung und Rabitzgewölbe und steht auf dem ehemaligen Friedhofsgelände. Für die Fertigstellung des Gotteshauses nach Rossbachs Tod 1902 zeichnete der Architekt Richard Lucht verantwortlich. Die Bezugnahme auf die Romanik hatte innerhalb des architektonischen Historismus in der Zeit Wilhelm II. gerade für repräsentative Sakralbauten eine besondere Bedeutung (z.B. bei den deutschen Kirchenbauten auf dem Zionsberg in Jerusalem und in Madrid). In Sachsen jedoch nicht so stark ausgeprägt wird sie in Leipzig des Weiteren lediglich noch im Bau der Kapellenanlage auf dem Südfriedhof (1905-1910) und in der katholischen Liebfrauenkirche sichtbar. Die unmittelbar vor dem Eingangsportal noch bestehende Dorfkirche wurde erst nach Fertigstellung des Baues abgetragen. Insgesamt

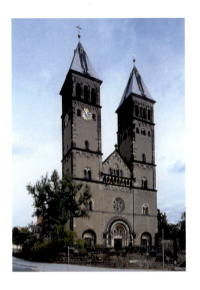

Kirche: Windorfer Straße 49,
04229 Leipzig
Pfarramt: Windorfer Straße 45a,
04229 Leipzig

sechs durch plastischen Schmuck ausgezeichnete Portale führen in das Innere des Gotteshauses. Die drei Reliefs in den Tympana der Hauptportale an der Südfront symbolisieren die Trinität (im Pfingstrelief des rechten Portals ist die Taborkirche dargestellt). Im Detail fällt in der gesamten Innen- als auch Außenausstattung die Verbindung von Jugendstilelementen mit der romanischen Grundkonzeption auf. So wird die von Josef Köpf entworfene Kalkstein-Kanzel von einer Löwenskulptur gestützt, die wohl einer der ältesten deutschen Löwenplastiken, dem Braunschweiger Löwen (1166), nachgebildet ist, im Detail aber zeitgenössische Elemente enthält. Altar, Taufstein und das Patronatsgestühl, das an der Rückwand das Wappen der Familie Tauchnitz trägt, wurden ebenfalls von Köpf entworfen. Die in der Vorhalle und an der Orgelbrüstung erhaltene Ausmalung hatte einst ihren farbigen und dekorativen Schwerpunkt in der Apsis, deren Kuppel mit einer Darstellung der Verklärung Jesu auf dem Berg Tabor geschmückt war. Zwei wertvolle Johann Caspar Sandtmann zugeschriebene Grabmale des Gebhardt von Dieskau aus dem Jahre 1683 befinden sich im Besitz der Kirche, außerdem der marmorne Grabstein in der Vorhalle und ein Epitaph im Altarraum.

Südöstlich der Kirche erinnert eine Gedenktafel am löwengeschmückten Eingangsportal des ehemaligen Gutskomplexes an die Aufführung der Bachschen Bauernkantate am 30. 8. 1742.

Kirche: Stieglitzstraße 42, 04229 Leipzig

Ev.-Luth. Bethanienkirche

1376 fand das Vorwerk »Sluys« in einem Lehensbrief des Markgrafen Wilhelm von der Ostmark seine erste Erwähnung. Bei seiner Eingemeindung 1891 gehörte Schleußig, das in Kleinzschocher eingepfarrt war, zu den kleineren westlichen Dörfern Leipzigs. Dies änderte sich mit dem Vorhaben der Stadt, hier ein gehobenes, von Wiesen, Wäldern und Wasser umgebenes Wohnviertel zu schaffen. Erst mehrere Jahre nachdem hier der erste Gottesdienst in einer Schule gefeiert worden war, wurde 1904/05 eine Interimskirche erbaut. Es handelte sich um einen Fachwerkbau, der vorher der Andreas- und der Michaelisgemeinde als Notkirche gedient hatte. Ein seit dieser Zeit geplanter Kirchenbau verzögerte sich durch den Ersten Weltkrieg und konnte erst 1931 begonnen werden.

Der am 21.1.1933 geweihte Bau der Leipziger Architektenfirma Carl William Zweck und Hans Voigt (Erbauer des Neuen Grassimuseums) ist nicht unumstritten. Er verdeutlicht neben den Neubauten der Versöhnungs- und der katholischen Bonifatiuskirche die Loslösung vom Historismus und die Hinwendung zur Moderne im Leipziger Kirchenbau. In dem in seiner Gestaltung an Thüringer Wehrtürme erinnernden pseudobasikalen Baukomplex werden die architektonischen Strömungen der Zeit (Heimatstil, funktionelles

Jehmlich-Orgel

Bauen, neue Sachlichkeit und Art déco) zusammengefasst. Unter einem Dach vereinigt er zahlreiche Gemeinderäume und eine Küsterwohnung. Der Rundturm mit Stahlskelettbeton wird durch zwei aus dem Baukörper heraustretende, überdeckte Treppenaufgänge flankiert. Sie bilden einen tiefer gelegenen Vorhof, von dem man Zugang zu den Gemeinderäumen hat.

Das fast quadratische Kirchenschiff folgt im Wesentlichen den Leitsätzen des evangelischen Kirchenbaus im zweiten Viertel des 20. Jh. Es ist auch durch die Stellung der vier Gestühlsblöcke auf den erhöhten, in leuchtendem Blau gehaltenen Altarraum ausgerichtet. Hinter dem von Otto Wutzler ausgeführten Altar erhebt sich als Altarbild das Glasgemäldefenster des »eintretenden Christus« von Emil Block. Seitlich des Altarraums an den Stirnseiten des Schiffes befinden sich zwei auf Leder gemalte, ebenfalls auf Block zurückgehende Wandgemälde: Maria und Martha in Erwartung Jesu und der von Johannes gestützte Lazarus. Ikonographisch sind sie auf das Altarbild bezogen. Die Orgel wurde nach einigen vorübergehenden Kompromiss-Lösungen 1992 von der Firma Jehmlich eingebaut.

In die Südwand des Vorraumes wurde beim Bau eine Kachel aus dem Fries des Dormitoriums des Leipziger Dominikanerklosters eingelassen. Die Kachel war samt dem unter ihr angebrachten Stein mit der Jahreszahl 1482 im Kellereingang des Gutes Schleußig aufgefunden worden.

Kirche: Weißenfelser Straße 16/Erich-Zeigner-Allee, 04229 Leipzig
Pfarramt: Rudolph-Sack-Straße 10, 04229 Leipzig

Ev.-Luth. Heilandskirche

Seitdem ab 1876 im Schulsaal des Leipziger Industrievorortes Plagwitz einmal monatlich ein Gottesdienst abgehalten wurde, verstärkten sich die Bestrebungen, für die Gemeinde ein eigenes Gotteshaus zu bauen. Zum 1.1.1885 wurde die Gemeinde, bis dahin in Kleinzschocher eingepfarrt, selbständige Parochie. Ein auf fünf Architekten beschränkter Wettbewerb wurde ausgeschrieben. Jedoch konnte keiner der Vorschläge überzeugen. Man beauftragte den Berliner Architekten Johannes Otzen mit der Ausführung seines Entwurfes einer neugotischen stützenlosen Saalkirche. Der am 26.8.1888 geweihte Bau verfügt über eine galerieartig umlaufende Empore und einen kurzen eingezogenen Chor. Wie bei Kirchenneubauten des Historismus häufig der Fall, entwarf Otzen auch einen Großteil der Ausstattung selbst. Der Innenraum wurde in seiner Wirkung zudem vom Zusammenklang von Architektur, farbigen Glasfenstern und Ausmalung des Raumes bestimmt. Letztere erfolgte durch Hermann Schmidt. Vor allem wegen Beschädigungen während des Zweiten Weltkrieges ist von der Einheit der Ausstattung heute nur noch wenig wahrzunehmen. Werterhaltungsmaßnahmen machten in der zweiten Hälfte des 20. Jh. die Vermauerung der Rosen in den Fenstern, die Abnahme einzelner äußerer Bauteile und den Verzicht auf Altar, Kanzel und Gestühl von 1888 notwendig. Schließlich wurde 1981 eine Zwischendecke in Emporenhöhe eingezogen. Das Obergeschoss dient seitdem als Kirchenraum, das Untergeschoss wird seit 1996 für Gemeinde- und Wirtschaftsräume genutzt.

Kirche: Karl-Heine-Str. 112,
04229 Leipzig
Pfarramt: Karl-Heine-Str. 110,
04229 Leipzig

Kath. Pfarrei
Liebfrauen
(Mariä Himmelfahrt)

A) St. Hedwig Böhlitz-Ehrenberg
B) Pfarrvikarie St. Joseph
C) Pfarrvikarie St. Theresia vom Kinde Jesu

In eindrucksvoller Lage am südlichen Ende Lindenaus liegt die 1907/08 nach Plänen von Anton Käppler erbaute Liebfrauenkirche. In strengen neoromanischen Formen gestaltet, dominiert der stattliche Bau, vor allem der zwischen dem beistehenden Pfarrhaus und die Kirche gesetzte Hauptturm, das gesamte Gebäudeensemble und die umliegende Wohn- und Industriebebauung. Die Liebfrauenkirche stellt den einzigen Sakralbau und zugleich historisierenden Entwurf des sonst eher modernen Käppler dar. Er schuf eine imposante, flach gedeckte, im Innern durch Rundbögen gegliederte, dreischiffige Basilika, die im Westen durch zwei massive Seitentürme abgeschlossen wird. Die überaus ornamentreiche neoromanische Innengestaltung und Ausstattung wurde während einschneidender Umgestaltungsmaßnahmen zwischen 1934 und 1964 entfernt und durch stark reduzierte Varianten ersetzt. Seitdem prägt ein einfacher, freistehender roter Marmoraltar den Raum. Die Ausstattung der Kirche wurde im Laufe der Jahre um mehrere Kunstwerke bereichert. So schmücken seit 1942 zwei Vorhänge mit Engelsmotiven das Tabernakel, sowie ein Wandmosaik den Marienaltar, beides Werke von Thea Schneider. 1962 kam in der Taufkapelle ein Betonglasfenster von Medardus Höbelt hinzu. Seit 1980 füllt ein Kronleuchter

St. Hedwig Böhlitz-Ehrenberg

der Künstlerin Maria Schwarz den während der Modernisierungen entstandenen Freiraum über dem Altar.

Zur Pfarrei Liebfrauen gehören eine weitere Kirche und zwei Kapellen.
St. Hedwig in Böhlitz-Ehrenberg ist ein kleiner schlicht verputzter Bau, dessen Gestalt stark an die wenige Jahre zuvor entstandene Dominikaner-Kirche St. Albert erinnert und leicht variiert in den folgenden Jahren unter anderem auch in Böhlen, Borna oder Wahren errichtet wurde. Es handelt sich um eine traditionelle Saalkirche mit Rundbogenmotiven und steilem Satteldach, deren hohes, im oberen Teil verglastes Portal sich über alle Geschosse erstreckt. Der Eingang befindet sich auf der Nordseite, von der sich der Bau mit seinem Turm präsentiert. Durch seine etwas zurückgesetzte Lage und die geringe Höhe des Turmes kann die Kirche kaum eine städtebauliche Wirkung erzielen. Entstanden als Notkirche für den großen Strom von Flüchtlingen, der nach dem Zweiten Weltkrieg die Gemeinde sprunghaft anwachsen ließ, wurde sie im November 1954 geweiht. Möglich wurde dies durch die Hilfe von Katholiken aus der BRD, denen auch Teile der Innenausstattung, z. B. die Heiligenfiguren, zu verdanken sind.
In Großzschocher wird der Sonntagsgottesdienst seit 1946 in der evangelischen Apostelkirche gehalten, später kam eine zweite heilige Messe im einfachen Gebetsraum der Pfarrvikarie St. Joseph dazu.
In Leutzsch findet die Sonntagsmesse seit 1950 im wieder eröffneten katholischen Kindergarten statt. Durch einen Anbau wurde hier im Auftrag von Ordensschwestern ein schöner Kapellenraum geschaffen.

Kirche: Alte Salzstraße 185,
04209 Leipzig

Ev.-Luth. Pauluskirche

Die Paulusgemeinde wurde am 1.4.1978 als Gemeinde für das 1976 begonnene Neubaugebiet Grünau gegründet. In zweijähriger Bauzeit entstanden bis zur Weihe 1983 Kirche und Gemeindezentrum, die in einer Vierflügelanlage zu einer Einheit verbunden sind. Den Entwurf für den Komplex lieferten u.a. Gerhart Pasch und Rainer Ilg. Die Altarwand im Inneren der Kirche gestaltete der Leipziger Künstler Matthias Klemm.

Teil der sozialistischen Siedlungspolitik war nicht nur das Errichten großer Stadtteile auf außerstädtischen Brachen in Großplattenbauweise. Auch trug man rigoros jahrhundertealte Dörfer zu Gunsten ausgedehnter Braunkohletagebaue ab. So erhielt die Gemeinde bedeutende liturgische Geräte, zum Großteil aus dem 18. Jh., und einen Grabstein aus dem Besitz der Gotteshäuser in Bösdorf, Eythra und Magdeborn – diese drei Dörfer mussten der Kohleförderung im Süden Leipzigs weichen. Die ursprüngliche Verwendung eines Bronze-Kreuzes aus Eythra ist ungeklärt, seit 1940 diente es mit einem Metallgestell als Taufsteinaufsatz. Im Innenhof befindet sich ein Grabstein für Friedrich Otto von Karstädt (gest. 1707) aus Porphyrtuff. Wie der Grabstein stammen auch die drei Glocken im freistehenden Glockenturm aus der abgerissenen Kirche zu Magdeborn.

Kirche:
Kolpingweg 1,
04209 Leipzig

Kath. Pfarrkirche St. Martin

Am 27.01.1985 wurde im Leipziger Neubaugebiet Grünau die 1982 begonnene katholische St. Martinskirche geweiht. Finanziert wurde sie im
Rahmen eines Sonderbauprogrammes vom Bonifatiusverein Paderborn.
Der Entwurf des Dresdner Architekten Manfred Fasold thematisiert in
seiner Architektur die Kirche als das »Zelt Gottes unter den Menschen«.
An den von einer bugartig aufsteigenden Außenwand begrenzten Kirchen-
saal schließt sich an der anderen Seite ein Komplex mit Gemeinderäumen
und Mitarbeiterwohnungen an. Der nahezu quadratische Innenraum der
Kirche ist auf den triangelförmigen Altarraum in einer der vier Ecken
ausgerichtet. Links unter der Empore befindet sich die Werktagskapel-
le, in der eine handgeschnitzte Kopie einer Madonnenstatue aus dem
15. Jh. aufgestellt ist. Der Metallgestalter Johann-Peter Hinz fertigte das
große Triumphkreuz und lieferte den Entwurf der Altarraumgestaltung,
ebenso die vier Evangelistensymbole auf dem Tabernakel. Die nach
Entwürfen von Hans-Hermann Richter gestaltete Altarrückwand folgt
dem Thema »Die Begegnung Gottes mit den Menschen«. Nach Richters
Entwürfen wurden auch die Bleiglasfenster gefertigt. Bereits seit der Weihe
der St. Martinskirche besteht eine enge ökumenische Zusammenarbeit mit
der unmittelbar benachbarten evangelischen Paulusgemeinde.

Kirche: Lausener Dorfplatz,
04207 Leipzig
Pfarramt: Schulstraße 9,
04420 Markranstädt

Ev.-Luth. Kirche Lausen

Die südwestlich des großen Wohngebietes Leipzig-Grünau gelegene Lausener Kirche ist die wohl kleinste Kirche im Leipziger Raum. Das ursprünglich romanische Gotteshaus mit Westturm und rechteckigem Saal wurde einer Inschrift eines Quadersteines am Turm zu Folge 1514 spätgotisch umgestaltet. Ebenfalls ein Zeugnis dieser Zeit ist der ursprünglich in der Kirche vorhandene spätgotische Schnitzaltar, der sich heute im Besitz des Stadtgeschichtlichen Museums befindet.

1833 wurden weitere Umbauten vorgenommen, wobei an der Stelle des alten Altars ein klassizistischer Kanzelaltar errichtet wurde. Weitere Umbauten und Ausstattungsstücke gehen im Wesentlichen auf den Beginn des 20. Jh. zurück. Eine eisenbeschlagene Tür aus der Erbauungszeit verbindet das Schiff mit dem Turm.

Die letzte Außenerneuerung wurde 1994/95 durchgeführt, dabei wurden die gekoppelten romanischen Turmfenster wieder freigelegt und die Bekrönung des Turmes durch Kugel und Wetterfahne wieder hergestellt. Ein unweit der Kirche aufgefundener romanischer Taufstein wird restauriert und soll demnächst neben der Kirche aufgestellt werden.

Kirche: Miltitzer Dorfstraße 11,
04205 Leipzig
Pfarramt: Schulstraße 9, 04420 Markranstädt

Ev.-Luth. Kirche Miltitz

Der älteste Kirchenbau des 1285 erstmals urkundlich erwähnten Miltitz
entstand vermutlich im 13. Jh. und
gehörte spätestens seit 1578 als Filiale
zur Kirche von Kleinzschocher. Wie
eine Inschrift über dem Eingangsportal dokumentiert, wurde die baufällige
Kirche 1739 abgerissen. Daraufhin
errichtete der Baumeister Johann Christoph Steinmüller die erhaltene barocke Chorturmkirche.

Die Ausmalung der Kirche besorgte der wie Steinmüller aus Großzschocher stammende Johann Friedrich Gottlob Vollhagen. Zur erhaltenen
Barockausstattung gehört neben dem Kanzelaltar ein Taufengel. Die
Besonderheit dieses knienden, in Holz geschnitzten Engels ist seine
liturgische Vielseitigkeit: Auf dem von ihm getragenen holzgerahmten
Taufbecken befindet sich als Aufsatz ein Lesepult, das für die Tauf-
handlung abgenommen werden muss. Neben einigen Reparaturen im
19. Jh. wurde 1846 von Friedrich August Eckhardt eine Orgel eingebaut,
die 1940/41 einen Umbau erfuhr. Im Jahre 1890 wurde die vormalig
barocke Turmhaube in den heute sichtbaren spitzen neugotischen Turmrei-
ter umgestaltet und eine neue Sakristei angebaut. 1907 wurde die Miltitzer
Gemeinde selbständig. Das nun die Funktion einer Pfarrkirche erfüllende
Gebäude wurde 1908 umgebaut und erhielt u. a. eine neue Empore.

Kirche: Schönauer Straße 245, 04207 Leipzig
Pfarramt: Alte Salzstraße 185, 04209 Leipzig

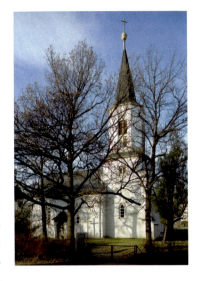

Ev.-Luth. Kirche Schönau

Einst stand die Kirche inmitten des Dorfes Schönau, nördlich der von Leipzig nach Markranstädt führenden Straße. Heute ist sie umringt von den Blöcken des 1976 begonnenen Wohnkomplexes 5/I, dem außer der Schule (heute Kantorat) und einem Bauerngut das gesamte Dorf weichen musste. Die vermutlich im 15. Jh. (eine Glocke ist auf 1458 datiert) erbaute frühgotische Kirche erfuhr im Laufe der Zeit mehrfach Veränderungen. Sie enthält zwei wertvolle manieristische Ausstattungsstücke, die im Zuge des Einbaus der Westempore 1624 aufgestellt wurden. Das Altarretabel besteht aus einer reliefierten Mitteltafel mit Auferstehungsdarstellung, seitlich eingefasst von zwei Karyatiden, die das kräftige Gebälk stützen (eine durch Taube und Anker als Hoffnung charakterisiert). Auf dem Gebälk befindet sich ein giebelartiger Aufsatz, der ein Kreuzigungsrelief enthält. Das Predellengemälde ist ein Werk Nikolaus Rossmanns (Hofmaler des Erzstiftes Magdeburg). Die auf der Abendmahlsszene dargestellten Apostel sind durch Inschriften als zeitgenössische Porträts, mehrheitlich von Leipziger Ratsherren, ausgewiesen. Das linke der seitlich angebrachten Wappen ist jenes des Bürgermeisters Dr. Möstel (durch Traube charakterisiert). Ihm verkaufte die Stadt in der Not des Dreißigjährigen Krieges 1622 Rittergut und Dorf. Die reich verzierte Kanzel ist ein Werk aus der gleichen Zeit. 1875 wurde das Fachwerkoberteil des Turmes durch ein massives Oberteil nach Plänen des Architekten Robert Rost ersetzt. Die Farbfassung der Kassettendecke geht wahrscheinlich auf die 1936 vorgenommene Instandsetzung zurück. Vermutlich wurden in diesem Zusammenhang auch die vier Turmgiebel entfernt.

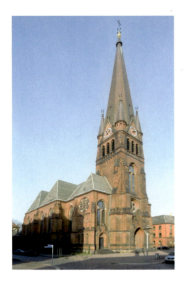

Kirche: Rietschelstraße/Roßmarktstraße,
04177 Leipzig

Ev.-Luth. Nathanaelkirche

Die zwischen 1881 und 1884 von August Hartel und Constantin Lipsius errichtete Nathanaelkirche beherrscht durch ihren 74 Meter hohen Turm mit dessen gewaltigen, überstreckten Spitze den alten Lindenauer Ortskern.

Ihre Ausmaße und archaische, der frühen Gotik entlehnte Bauformen erzeugen eine monumentale Wirkung. Die Fassade ist geprägt von der Verwendung roter Verblendziegel. An den beidseitig von Treppenaufgängen flankierten Turm mit dem Hauptportal schließt sich ein dreischiffiges, gewölbtes Langhaus mit 1.100 Sitzplätzen an. Den östlichen Abschluss bildet der polygonale, durch Sakristei und Kapelle begleitete Chor. Die neogotische Innenausstattung sowie die reichen Ausmalungen von Richard Schulz aus dem Jahre 1890 blieben weitgehend erhalten. Besonders erwähnenswert sind die 1887 vom sächsischen Kunstfond gestifteten figürlichen und ornamentalen Glasmalereien im Chorraum. Die Entwürfe dafür stammen von Carl Bertling aus Dresden und zeigen seitlich die vier Evangelisten, Petrus und Paulus sowie ganz oben in einer Rose Christus mit dem Kelch.

Durch die Abtrennung des Bereichs unter der Orgelempore wurde 1909 die Raumstruktur verändert. Der dabei entstandene und 1922 noch einmal vergrößerte Raum dient seither als Winterkirche. Nach jahrelangen Problemen bei der Instandhaltung des Baus versucht der 1993 gegründete »Förderverein zur Erhaltung der Nathanaelkirche zu Leipzig Lindenau« die Lage zu verbessern. Fenster und Turmuhr konnten daher in den letzten Jahren saniert werden.

Kirche: Aurelienstraße 54, 04177 Leipzig

Ev.-Luth. Philippuskirche

Nachdem die Gemeinde Lindenau 1906 derart stark gewachsen war, dass eine Verselbständigung des südlichen Teils als »Philippusgemeinde« notwendig wurde, schrieb man 1907 den Wettbewerb zum Bau eines Gebäudekomplexes bestehend aus Kirche, Gemeinde- und Pfarrhaus auf dem Eckgrundstück Aurelien-/Helmholtzstraße aus. Den Zuschlag bekam der Leipziger Architekt Alfred Müller, der durch den Bau der Michaeliskirche einige Berühmtheit erlangt hatte. Der Entwurf ist in verschiedener Hinsicht ungewöhnlich und interessant. Das Gebäudeensemble umfasst einen Winkelbau, dessen Blickpunkt der an der Ecke platzierte, knapp 63 Meter hohe Turm mit seiner schwungvollen neobarocken Haube einnimmt. Die beiden rustikal werksteinverblendeten Gebäudeschenkel werden von einem rückwärtigen Gemeindehaustrakt verbunden. Obwohl der Komplex tatsächlich sehr massiv ist, wirken die Baumassen durch geschickte Gliederung sehr harmonisch und ausgewogen. Der niederländisch beeinflussten neobarocken Fassadengestaltung stellt Müller einen Innenraum in gemäßigten Jugendstilformen gegenüber. Die größte Besonderheit stellt jedoch die Konzeption des überkuppelten Hauptraums dar, der nur äußerlich kreuzförmig erscheint. Hierbei ist Müller von der liturgischen Anordnung des Wiesbadener Programms von 1891 ausgegangen, welche, gemäß der barocken Tradition, wie sie zum Beispiel von George Bähr beim Bau der Dresdner Frauenkirche formuliert wurde, einen einheitlichen Zentralraum fordert, in dem sich die Gemeinde um den Altar, Kanzel und Orgel herumgruppiert. Die Philippuskirche ist der einzige Sakralbau im Raum Leipzig, der nach diesem Prinzip entwickelt wurde.

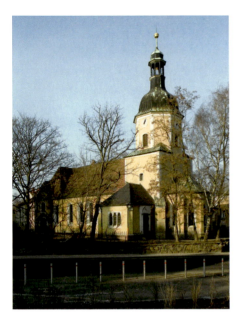

Kirche: William-Zipperer-Straße 149, 04179 Leipzig

Ev.-Luth. Kirche St. Laurentius

Am Laurentiustag 1397 wurde die damals vorhandene Marienkapelle, die bis dahin zur Gundorfer Pfarrei gehörte, zur Pfarrkirche erhoben und dem Hl. Laurentius geweiht. Der Chorturm, als ältester Teil der heute auf dem ehemaligen Friedhof stehenden Kirche, geht wohl auf diese Zeit zurück. Die im Wesentlichen mittelalterliche Kirche, die im Westen an den Turm anschließenden ersten drei Fensterachsen des Kirchenschiffes wurden 1497 angebaut, wird von einigen dörflichen Gebäuden des 18. Jh. umgeben (die Pfarrscheune und das ehem. Pfarrhaus, heute als Kindergarten genutzt). 1922 wurde nach einem Entwurf von Josef Hesse (Leipzig) das nordwestlich der Kirche liegende Gemeindehaus errichtet.

Das heutige Aussehen der Kirche wird durch die häufigen Umbauten geprägt. 1689 wurde der Turm vom Gewölbe an neu aufgeführt und erhielt das achteckige Turmgeschoss mit welscher Haube und Laterne. An die Nordseite des Turmes wurde eine Leichenhalle mit der Ratsloge im Obergeschoss angebaut. Nach weiteren Umbauten im 18. Jh. wurde 1852 eine große Reparatur der Kirche durch Maurermeister Purfürst nach einer

Projektierung des Architekten Canitz durchgeführt. Dabei blieben nur der Turm und die unteren Teile der Seitenmauern stehen, das Schiff wurde um eine Fensterachse verlängert und die Westseite mit einem Treppengiebel abgeschlossen. Bei einem neuerlichen Umbau 1890 unter Leitung von Hugo Altendorff (Leipzig) wurde das Schiff um eine weitere Fensterachse erweitert, im Osten des Chores eine polygonale Apsis mit Zellengewölbe und eine Sakristei im Süden angebaut.

Im Zuge des Umbaus fand auch die vom Holzbildhauer Robert Martin geschaffene Kanzel Aufstellung. Um eine überzeugende Wirkung für die 1900 erworbene und durch die Firma Jehmlich eingebaute zweimanualige pneumatische Orgel (19 Register) zu erzielen, machte sich eine abermalige Erweiterung notwendig. Nach Plänen der Architekten Schmidt & Johlige wurde das Kirchenschiff erhöht, die bisher vorhandene Flachdecke durch eine gewölbte Rabitzdecke ersetzt und im Westen ein Treppenhaus mit Querdach angebaut.

1932 erhielt die Kirche ihren mittelalterlichen Flügelaltar zurück, der, nachdem er auf dem Kirchenboden in Vergessenheit geraten war, 1840 entdeckt und im Dresdner Museum des Königlich Sächsischen Altertumsvereins untergebracht wurde. Das restaurierte, neu gefasste und vergoldete Retabel wurde auf einer neuen Predella, die das von zwei Engeln gehaltene Schweißtuch der Veronika zeigt, aufgestellt. Im Mittelschrein sind die Heiligen Rochus, Sebastian und Antonius (sog. Pestheilige), in den Seitenflügeln die Heiligen Wolfgang und Laurentius bzw. Maria und Elisabeth (fälschlicherweise in Unterschrift als Anna bezeichnet) dargestellt. Um dem Altar eine angemessene Geltung zu verschaffen, wurden die Fenster der Apsis im Laufe des 20. Jh. mehrfach verändert, die Glasfenster im Chor wurden 1949 nach Entwürfen von Paula Jordan (Leipzig) gefertigt.

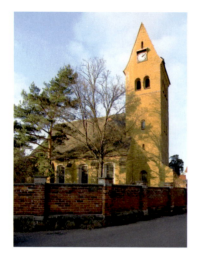

Kirche: Brandensteinstr., 04178 Leipzig

Ev.-Luth. Kirche Rückmarsdorf

Die aus dem 12. Jh. stammende Kirche von Rückmarsdorf gehört zu den wenig bekannten, aber wertvollen Dorfkirchen, die zwischen der Stadt Leipzig und der sächsischen Landesgrenze liegen. Ursprünglich soll an dieser Stelle eine romanische Chorturmkirche gestanden haben. Im unteren Bereich des massiven Turmes sind noch Teile davon zu finden und auch das romanische Portal erinnert an den Vorgänger. Die heutige äußere Gestalt geht allerdings auf einen Umbau im Jahre 1715 zurück. Seitdem prägt der weithin sichtbare Turm mit seinem mächtigen Satteldach die Landschaft südlich des Bienitz und beherrscht die Anlage des alten Dorfes Rückmarsdorf. Im Innenraum sind vor allem die ebenfalls aus dem Jahre 1715 stammenden Malereien auf den Feldern der dreiseitig umlaufenden Emporenbrüstung interessant. Die lebendigen und vor allem für die Entstehungszeit recht lebensnahen Darstellungen zeigen Szenen aus dem alten und neuen Testament, Jesus im Tempel sowie Adam und Eva im Paradies. Weiterhin bestimmen der Kanzelaltar von 1715, ein 1960 vom Merseburger Schlossbaumeister geschaffener Taufstein sowie eine spätromantische Schmeißer-Orgel den Raum. Nach einer wenig geglückten Erneuerung im Jahre 1906 wurde zwischen 1982 und 1985 der Innenraum unter der fachlichen Leitung von Gerhart Pasch umgestaltet. Durch die Teilung des Raumes konnte unter Beibehaltung der barocken Emporen ein dringend benötigter Gemeinderaum abgetrennt werden.

Kirche: Gundorfer Kirchweg 2,
04178 Leipzig
Pfarramt: Burghausener Straße 21,
04178 Leipzig

Ev.-Luth. Kirche Gundorf

Gundorf gehört zu den ältesten Dörfern im Leipziger Umland, erste urkundliche Erwähnung fand es im Jahr 974 im Zusammenhang mit einer
Schenkung Otto II. an Bischof Gieseler in Merseburg. Die im ausgehenden
12. Jh. erbaute romanische Westturmkirche verfügt über einen geringfügig
eingezogenen Chor und eine halbrunde Apsis. Sie ist eine der wertvolls-
ten Kirchen im Leipziger Land und zugleich eine der ältesten ihrer Art.
Das spätgotische Südportal trägt eine Inschrift aus dem Johannes-Evan-
gelium: »Mein Haus soll ein Bethaus sein«. Die darüber angebrachten
Medaillons zeigen u. a. Schwert und Schlüssel, die Attribute der Apostel
Petrus und Paulus, und machen deutlich, dass das Dorf zum Bistum Mer-
seburg und seinem Petrikloster gehörte. Bereits 1269 erhielt das Kloster
Vogtgerechtigkeit (Recht der Abgabenerhebung und Gerichtsbarkeit) über
»Gundtorff«. Trotz häufiger Umbauten hat die Kirche ihren romanischen
Grundriss durch die Jahrhunderte behalten und vereinigt heute wichtige
Zeugnisse aus allen baugeschichtlichen Epochen. Besonders interessant
ist die nachreformatorische Adaption eines spätgotischen Heiligenaltars:
Im Mittelschrein des ehemaligen Flügelaltars sind die Heilige Anna und
Maria mit dem Jesuskind auf dem Arm, umgeben von vier Heiligen (Johan-
nes, Andreas, Hieronymus und Barbara oder Maria Magdalena), dargestellt.
Später wurde der Altar barock mit geschnitztem Blumen- und Rankenwerk
verziert und mit einer Darstellung des Auferstandenen bekrönt. Neben der
Renaissance-Kanzel und dem hölzernen barocken Taufgestell befindet sich
in der Turmvorhalle ein historische Züge aufweisendes Weihnachtsfenster.
Turmhalle und Kirchenraum sind mit Jugendstilelementen umgestaltet worden (Stuck, Glasfenster, Gestühl, Emporen und Wandpaneele).

Gemeindesaal:
Johannes-Weyrauch-Platz 2,
04178 Leipzig

Ev.-Luth. Kirche Böhlitz-Ehrenberg

Der ehemalige Industriestandort Böhlitz-Ehrenberg hat trotz seines Bevöl-
kerungsreichtums nie eine eigene Kirche besessen. Die Gemeindemitglieder
mussten jahrelang in das benachbarte Gundorf ausweichen, wo eine alte romanische Westturmkirche zur Verfügung stand. Dem steigenden Bedarf versuchte man 1926/27 durch den Bau eines Kirchgemeindehauses mit einem
Saal zu begegnen, der für vielfältige Veranstaltungen genutzt werden konnte.
Unauffällig öffnet das im Grundriss eigentümlich geknickte Gebäude seine
zur Straße weisende Giebelfassade in drei Arkadenbögen. Einzig die kleinen
Reliefs oberhalb der Bögen verweisen auf den sakralen Charakter des Baus
und stellen zusammen mit zwei Konsolen den kompletten äußerlichen
Schmuck der Vorderfront dar. Das Gemeindehaus ist vollständig im Stil des
Art déco gestaltet. Besonders reizvoll ist der Saal, für dessen Erneuerung
der Gemeinde bisher die finanziellen Mittel fehlten. Daher befindet sich
das Gebäude noch bis ins Detail im Originalzustand und präsentiert sich
entsprechend einheitlich in Architektur und Ausstattung.
Südlich des Hauptgebäudes wurde gleichzeitig ein kompakter, frei stehender Glockenturm errichtet, der die bereits 1910 gestifteten Glocken
aufnahm. Als einzige Baumaßnahme der letzten Jahre wurden 1999, aus
Spendenmitteln finanziert, Dach und Bekrönung des Glockenturms erneuert. Im Laufe der Jahre hat die Gemeinde aus finanziellen Gründen die
Pläne für einen eigenen Kirchenbau aufgegeben, zumal das Kirchengelände
inzwischen durch ein Ärztehaus bebaut wurde.

Kirche: Elsteraue 7, 04159 Leipzig

Ev.-Luth. Hainkirche Lützschena

Das nordwestlich von Wahren gelegene Dorf Lützschena ist bereits in mittelalterlicher Zeit entstanden. Die durch ihre Lage unweit der fruchtbaren Böden der Elsteraue begünstigte Siedlung wird im 13. Jh. das erste Mal erwähnt. Die Hainkirche Lützschena zeugt von dieser langen Geschichte und besitzt noch immer das Kirchenschiff vom romanischen Vorgängerbau, der wahrscheinlich schon Ende des 12. Jh. errichtet worden war.

Etwa 1480 wurde das hallenartige Schiff dann um einen gotischen Chor von etwa gleicher Ausdehnung erweitert. Aus derselben Zeit stammt auch das Sakramentshaus. Altar und Kanzel hingegen wurden im späten 17./Anfang des 18. Jh. eingebaut.

Im Jahre 1905 kam es zu einer grundlegenden Umformung der gesamten Kirche. Ein angestellter Turm im Norden und seitliche Ergänzungsbauten zeugen äußerlich davon, doch vor allem der Innenraum hat seine Gestalt in einer Mischung aus Historismus und Jugendstil deutlich verändert. Besonders bemerkenswert ist die in das Dach eingezogene, ornamental ausgemalte dunkle Holzdecke, die in ihrer für die Region ungewöhnlichen Gestalt eher nordisch anmutet. Das hölzerne Gestühl mit entsprechend geformten Bankwangen unterstützt diesen Eindruck noch zusätzlich. Die leuchtend weiße Orgelempore samt Orgelgehäuse dagegen ist überwiegend in barocken Formen gestaltet. Lediglich die Seitenbrüstungen vermitteln einen neogotischen Eindruck.

Kirche: Schlossweg 4, 04159 Leipzig

Ev.-Luth. Schlosskirche Lützschena

Die Anfang des 16. Jh. erbaute zweite Kirche Lützschenas wird auf Grund ihrer Lage als Schlosskirche bezeichnet. Der Bau präsentiert sich in einheitlicher Spätgotik. Besonders die Maßwerkfenster im Chor kennzeichnen die Entstehungszeit.

Vermutlich befand sich ursprünglich ein romanischer Vorgängerbau an derselben Stelle, wurde aber offenbar bis zum Sockelbereich abgebrochen, wie ein entsprechender Vorsprung im Innenraum belegt. Beim Schiff handelt es sich um einen rechteckigen Saal mit eingezogenem Chorraum. Im Jahre 1855 wurde die kleine Kirche durch den Schlossherren nach romantischen Vorstellungen umgebaut. Dabei wurde der Dachreiter abgetragen und durch einen westlich positionierten Backsteinturm ersetzt. Auch die an norddeutsche Backsteingotik erinnernden, ehemals mit Fialen geschmückten Treppengiebel von Schiff und Chor stammen aus diesem Umbau. Den Innenraum hatte man bereits 1823 in klassizistischem Stil neu gestaltet. Bis 1965 war der Bau dann derart verfallen, dass schon sein Abriss erwogen wurde. Tatsächlich mussten die weitgehend zerstörten Fialen und die Innenausstattung aufgegeben werden. Der Rest des Baus konnte gerettet werden. Der seither schmucklose Innenraum sollte eigentlich den inzwischen museal verwahrten ursprünglichen Flügelaltar wieder aufnehmen, was allerdings nicht verwirklicht wurde. Stattdessen gelang der schwierige Versuch, den historischen Baukörper mit modernen Kunst- und Architekturvorstellungen zu verknüpfen. Während Gerhart Pasch für die Neugestaltung von Altar, Pult, Taufe, Gestühl und Beleuchtung die Verantwortung übernahm, kreierte der Leipziger Künstler Thomas Oelzner neue Leuchter und eine moderne Kreuzplastik aus Metall und Glas.

Ev.-Luth. Gnadenkirche

Wahren ist eine der ältesten Sied-
lungen im Leipziger Raum. Als
Heinrich II. während seines zweiten Polenfeldzuges im Jahre 1004
an dieser Stelle Station in einem
befestigten Königshof machte, soll
hier bereits eine Kapelle gestanden haben. Die heutige Kirche auf einem Hügel
nordöstlich der weißen Elster ist eine der interessantesten Leipzigs. Das von
der Vorstadtbebauung des 19. Jh. weitgehend verdeckte Kleinod dürfte mit
seinem spitzbehelmten Westturm die mittelalterliche Bebauung weit überragt
haben. Sowohl die große Turmspitze, sekundiert von vier kleinen Giebelspit-
zen, als auch der Dachreiter enden in vergoldeten Knäufen, sodass sich das
imposante Dach mit insgesamt sechs goldenen Turmkugeln schmückt. Im
Inneren des saalartigen Schiffes mit eingezogenem Chor finden sich Elemente der Bau- und Kunstgeschichte der letzten 900 Jahre. Der Taufstein und
das erst 1991 während einer komplexen Restaurierung freigelegte Türrelief
am Südportal sowie zwei original erhaltene Fenster im Emporenbereich sind
romanisch und stammen aus dem 12. Jh. Die gesamte Turmkonstruktion
und das Rippengewölbe sind gotisch, genau wie die Predella des Altars und
die zwölf holzgeschnitzten Apostel an der Südchorwand, welche zum ehemaligen Hauptaltar gehörten. Renaissance und Manierismus haben ihre Spuren
vor allem am Giebel über dem Schülerchor auf der Nordseite, an der Kanzel
sowie bei zwei um 1600 entstandenen Grabplatten hinterlassen. Der Altaraufbau, Emporen und Logenprospekt sind im Barock des 18. Jh. entstanden.
Eine Erneuerung 1844 trug mit den Holzsprossenfenstern und der geputzten
Gewölbedecke klassizistische Elemente in den Bau. Das 20. Jh. im Zeichen
des Jugendstils brachte das Lesepult, die hölzerne Taufe und die dezente Bemalung der Emporenbrüstung. Eine große künstlerische Leistung besteht in
der funktionierenden Zusammenführung solcher unterschiedlichen Elemente und in diesem Fall scheint das Unterfangen tatsächlich geglückt.

Kirche: Georg-Schumann-Str. 336,
04159 Leipzig

Kath. Pfarrei St. Albert

Die Dominikaner haben eine lange Tradition in Leipzig. Bereits im Jahre 1229 errichteten sie ein Kloster auf dem heutigen Universitätsgelände am Augustusplatz, verloren ihr Domizil aber 1543 im Zuge der Reformation. Seit 1951 steht dem Orden ein Kirchenneubau in repräsentativer Lage unweit des Wahrener Rathauses zur Verfügung. Der Leipziger Architekt Andreas Marquart gestaltete einen konventionellen und schlichten, aber trotzdem eindrücklichen Bau. Die Vorderseite wird geprägt durch das hochgezogene Portal unter dem ansonsten schmucklosen, strahlend weißen Südgiebel. Seitlich rechts steht etwas zurückgesetzt der Turm. Der saalartige Innenraum mit seinen zwei Seitenkapellen und dem eingezogenen Chor lässt durch die Verwendung von Rundbögen Bezüge zum mittelalterlichen Dominikanererbe erkennen.

Das Tageslicht dringt durch ein dreigliedriges Fenster im Portal und je acht Rundbogenfenster an den Längsseiten in den Gebetsraum. Die dunkle kassettierte Decke betont die Längsausrichtung des Raumes. Die Chorwand dominiert ein Gemälde des Görlitzer Malers Georg Nawroth, welches auf bemerkenswerte Art und Weise den gekreuzigten Jesus zwischen Dominikus und Katharina von Siena sowie Thomas von Aquin darstellt. Der Marmoraltar wurde anlässlich der Liturgiereform des Zweiten Vatikanischen Konzils umgestaltet (1963/65). Tabernakel, Leuchter und Bodenvasen sind in Bronze gegossen und stammen vom Leipziger Künstler Gerhard Noack. Seit 1998 ist die Kirche von einem neu gebauten, modernen Gebäudekomplex umgeben, der als Kloster dient und mit seiner offenen Architektur einen einheitlichen wie auch freundlichen Gesamteindruck bietet.

Ev.-Luth. Auferstehungskirche

Die aus dem Jahre 1901 stammende Auferstehungskirche von Möckern präsentiert sich als bescheidener Fachwerkbau mit gelben Klinkern.

Der Turm auf der Westseite ist 32 Meter hoch und öffnet sich durch das Hauptportal in ein dreischiffiges, kreuzförmiges Langhaus, welches 602 Sitzplätze bietet.

Der vom Architekten Paul Lange ursprünglich als Notkirche errichtete Bau konnte, bedingt durch Inflation und die Auswirkungen des Ersten Weltkrieges, niemals durch eine endgültige architektonische Lösung ersetzt werden. Deshalb blieb er, von einigen kleineren Umbauten abgesehen, in dieser einfachen Gestalt erhalten. Trotz aller Schlichtheit muss die Kirche nicht völlig auf Schmuck verzichten. Neben den figürlich gestalteten Glasfenstern besitzt die Westfassade in ihrer klaren Gliederung, unter Verwendung neoromanischer Stilelemente, einen eigentümlichen architektonischen Reiz. Doch der größte Schatz verbirgt sich hinter der trutzigen Westturmfassade. Im gemütlichen hölzernen Innenraum der Kirche befindet sich eine gut erhaltene Orgel des Universitäts-Orgelbaumeisters Johann Christian Immanuel Schweinefleisch aus dem Jahre 1766. Das wertvolle Instrument stammte ursprünglich aus der Reformierten Kirche am Tröndlinring und gelangte nach Umbauten durch Carl Bernecker 1901 in den Besitz der Auferstehungsgemeinde Möckern. Der alte Chor wurde 1975 so baufällig, dass er abgerissen werden musste. Da das Gebäude ursprünglich nicht für eine solche lange Nutzungsdauer konzipiert war, werden immer wieder Instandsetzungsarbeiten notwendig.

Kirche: Lindenthaler Hauptstraße 11,
04159 Leipzig

Ev.-Luth.
Gustav-Adolf-Kirche

Bei der circa 1720 erbauten Gustav-Adolf-Kirche in Lindenthal handelt es sich um einen weitgehend einheitlichen Barockbau. Der schmuckvollste Teil und weithin sichtbare Zierde der Kirche ist sicher der mit Kupfer gedeckte Turm. Besonders gelungen ist der makellos gearbeitete Abschluss unterhalb von Haube und Turmlaterne. Vom romanischen Vorgängerbau, der einst an derselben Stelle gestanden haben muss, zeugt heute nur noch der große kelchförmige Taufstein im Inneren der Kirche, dessen geschwungene Form harmonisch mit dem barock ausgestatteten Altarraum korrespondiert. Der auffälligste Schmuck des sonst in klarem, nüchternen Weiß gehaltenen Raumes, ist neben dem prächtigen, reich gestalteten Kanzelaltar im Osten die Orgelempore auf der Westseite. Das original barocke Instrument stammt aus dem Jahre 1792 und wurde von Johann Christian Friedrich Flemming erbaut. Der komplette Innenraum wurde erst vor einigen Jahren zusammen mit der Orgel unter der fachmännischen Leitung von Gerhart Pasch komplett restauriert.

Der Name der Kirche soll an den schwedischen König Gustav Adolf erinnern, der in der Schlacht von Breitenfeld mit 24.000 Soldaten und 16.000 verbündeten Sachsen das zahlenmäßig überlegene Heer der Kaiserlichen unter Tilly besiegte. Seither erinnert sich die reformierte Gemeinde mit Dankbarkeit an den streitbaren Schweden, der durch die Zerschlagung der katholischen Vormachtstellung als Retter des evangelischen Sachsen gilt.

Zu den Autoren

Stephanie von Aretin, Jahrgang 1966, arbeitet als freie Journalistin u. a. für die Süddeutsche Zeitung und die Leipziger Volkszeitung.

Thomas Klemm, Jahrgang 1975, studierte Geschichte und Kunst und ist als Kulturwissenschaftler in Leipzig tätig.

Nikolaus Müller, Jahrgang 1976, ist freischaffender Dirigent und lebt in Leipzig.

Personenregister

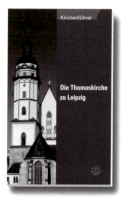
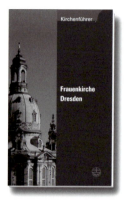

Die Orgeln Leipziger Kirchen

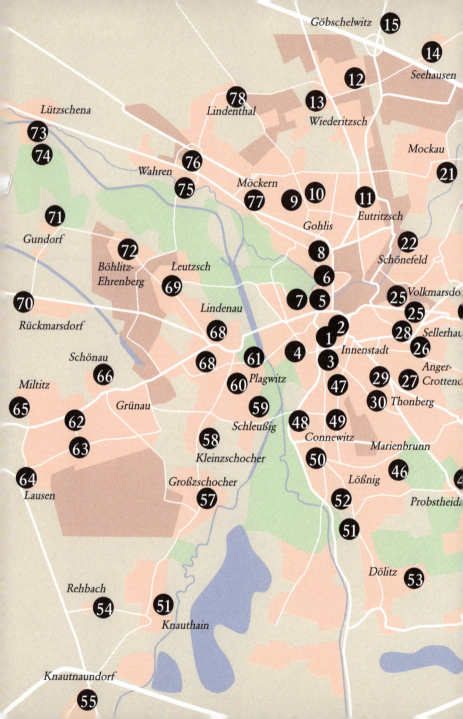